créer, animer

L'IMMEUBLE

Francis Debyser

avec la collaboration de Francis Yaiche

HACHETTE

Références :

P. 4 : Cinq étages du monde parisien/Roger Viollet ; p. 20 : Educatel/Sogex ; p. 21 : Luc Perenom/Rush ; p. 22 : PTT Télécommunications ; p. 25 : J.-M. Charles/Rapho ; p. 28 : Hachette ; p. 29 : Luc Perenom/Rush ; p. 30 : Jean-Loup Charmet ; p. 30 : Ferracci/© SPADEM ; p. 31 : Martin Drolling : *Intérieur de cuisine*/Musée du Louvre ; p. 34 : Luc Perenom/Rush ; p. 45 : Cartier-Bresson/Magnum ; p. 47 : F. Jeannequin/Edi-Monde ; p. 48 : Cahiers du cinéma ; p. 51 : cartes à jouer Grimaud ; p. 52 : Hachette : *La Cuisine à l'électricité* ; p. 59 : Doisneau/Rapho ; p. 60 : Modèle Flou Flou de ligne Roset ; p. 66 : Suzan/Musée d'art naïf de l'Ile-de-France ; p. 70 : Le Doaré/PIX ; p. 76 : Sophie Bassouls/Rush ; p. 78 : Les Acacias ciné audience/Connaissance du cinéma ; p. 80 : Arcimboldo : *Le Bibliothécaire*/Edimédia/Photo CDA/ Guillemot ; p. 81 : Fabrice Boissière ; p. 86 : Le Mémento du mutualiste/ MATMUT ; p. 90 : John Copes-Van Hasselt/Rush ; p. 92 : Maltête/Rapho (maquette collection *Policiers,* Hachette : Amalric) ; p. 94 : Doisneau/Rapho (pour la maison) et Fabrice Boissière (pour le ciel).

Maquettes :   Élizabeth Coutrot (couverture et têtes de chapitres),
              Sophie Coulon (intérieur).

Dessins :   Jean Mineraud pour l'ensemble des dessins, excepté :
              Sophie Coulon (pp. 10 et 11),
              Élizabeth Coutrot (p. 24),
              L. Breton et J.-L. Chavanat (p. 64), repris de *Cartes sur table 2,*
              P. Woolfenden (p. 85), repris de *Cartes sur table 2.*

ISBN : 2.01.008728.3

© HACHETTE 1986, 79, boulevard Saint-Germain - F 75006 PARIS.

En hommage à Georges Perec.
Sans Espèces d'espaces *et* La Vie mode d'emploi, L'Immeuble
n'existerait pas.

FRANCIS DEBYSER

LES BONS AUTEURS PAR L'EXEMPLE

*Il est des livres qui vous poussent à vous suicider au gaz de ville, certains
induisent à la rêverie érotique dans les salles de bains, quelques-uns même
suscitent des doctorats ès lettres, d'autres enfin vous font entrer au séminaire
pour vocation tardive, ou bien encore abandonner la cigarette au profit
exclusif du caramel mou. Ceux de Georges Perec, sans préjudice d'avoir fait
ainsi basculer des existences, présentent une vertu rare : ils incitent à écrire.
Une œuvre qui s'avoue lecture elle-même, observation, recherche, travail,
c'est-à-dire expérience et inachèvement ; un auteur qui renonce à certaine
distinction par le mystère ; la propension, donc l'invitation, au jeu ; tout cela
fonde une familiarité, un terrain d'entente entre le lecteur et l'écrivain, et c'est
là que naît l'« envie de s'y mettre ». C'est là aussi qu'il apparaît, comme au
cours des stages d'écriture qu'organise l'Ouvroir de Littérature Potentielle et à
l'animation desquels participait Georges Perec, que toute didactique n'est
pas vaine. Or, face aux résistances conjointes des marchés pédagogique et
littéraire tiraillés entre l'académisme ou le dressage normatif et le sens
immanent ou le défoulement glossolalique, l'idée, par exemple, de
contraintes d'écriture, sans doute parce que d'une inavouable pertinence, ne
semble jamais assez élitiste, ou bien jamais assez démagogique. Mais s'il ne
s'agissait que de querelles idéologiques ou esthétiques, Francis Debyser et
son équipe n'auraient pas trouvé là matière à l'ample rénovation de
l'enseignement du français langue étrangère, depuis longtemps entreprise
par eux et faisant bon usage des recherches oulipiennes, que le succès de
l'œuvre de Georges Perec commence à faire connaître : en effet, la rencontre
entre une des plus achevées de leurs productions, L'Immeuble, et son
modèle, La Vie mode d'emploi, procède du constat de la force opératoire d'un
projet, d'une méthode, ce que l'on ne mesurera jamais assez.
Cette méthode, amène et structurée, ouverte et cohérente, Georges Perec
l'avait applaudie, qui savait à quoi s'éprouve la créativité, et l'aurait lui-même
présentée, réjoui qu'elle serve résolument la langue française. Enfin publiée,
elle constitue un bel hommage à son travail enthousiaste.*

ERIC BEAUMATIN

Le diable boiteux

*Je vais, par mon pouvoir diabolique, enlever les toits des maisons : et, malgré
les ténèbres de la nuit, le dedans va se découvrir à vos yeux. À ces mots il ne
fit simplement qu'étendre le bras droit, et aussitôt tous les toits disparurent.
Alors l'écolier vit, comme en plein midi, l'intérieur des maisons, de même
qu'on voit le dedans d'un pâté dont on vient d'ôter la croûte.
Le spectacle était trop nouveau pour ne pas attirer son attention tout entière.
Il promena sa vue de toutes parts ; et la diversité des choses qui
l'environnaient eut de quoi occuper longtemps sa curiosité.*

LESAGE, Le diable boiteux.

Sommaire

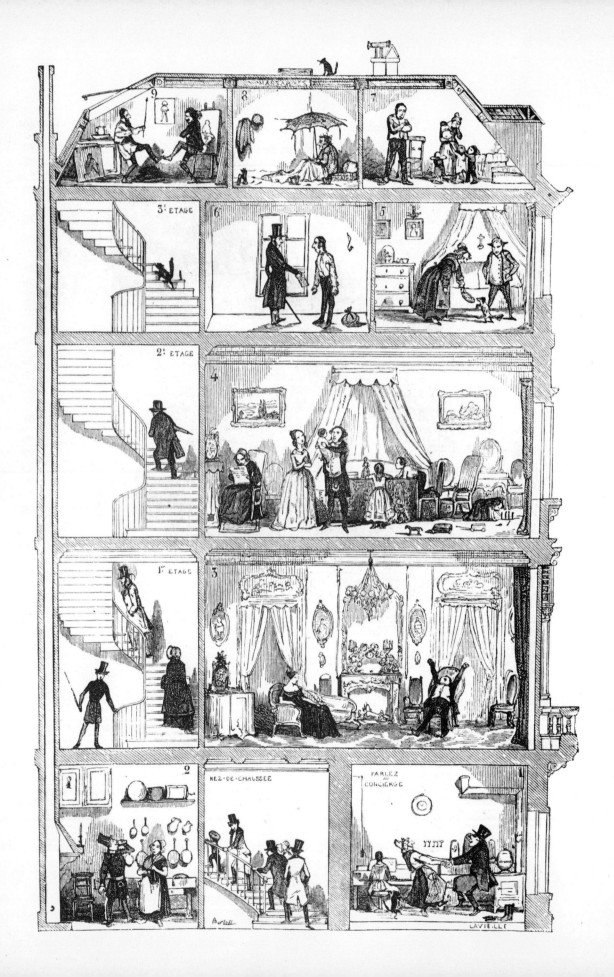

Introduction

L'immeuble est une machine à construire ; c'est vous qui allez en être les créateurs et les auteurs. Si vous faites les différents exercices proposés, vous imaginerez progressivement le contenu de plusieurs romans ; les personnages que vous allez inventer vont peu à peu s'animer, se rencontrer dans une « comédie humaine » dont vous serez également les metteurs en scène et les acteurs.

Inventer, animer et jouer **l'immeuble,** ce n'est pas seulement être les auteurs de centaines d'anecdotes et de sketches ; c'est aussi apprendre à rédiger des récits, des dialogues, des descriptions, des scénarios et quantité d'autres textes qui se rencontrent dans la vie quotidienne.

On joue et on travaille à **l'immeuble** en groupe, en sous-groupes ou individuellement, si possible deux heures par semaine pendant quelques mois. Mais la classe peut choisir aussi d'imaginer collectivement l'histoire de **l'immeuble** en sollicitant le concours d'autres disciplines.

On conserve, on archive toutes les productions (traces écrites, photographiques, dessinées, sonores, filmées ou vidéo). Si on peut, on les reproduit et on les distribue au fur et à mesure pour que chacun ait un exemplaire complet et dispose à la fin d'un gros dossier constituant un roman collectif.

Il faut de tout pour faire un monde, même un petit monde comme **l'immeuble.**

D'abord des personnages : des femmes, des hommes, des enfants mais aussi des animaux (chiens, chats, poissons rouges...).
Il faut aussi un décor : des appartements, des chambres, des escaliers, des caves.

Lorsque tout cela est bien posé en lieu et heure, on peut commencer à animer **l'immeuble**, à le faire vivre. C'est alors que les gens se parlent, sympathisent ou se disputent.

L'ordre des chapitres et des exercices ne doit donc pas apparaître comme une contrainte à respecter absolument, mais plutôt comme une série de propositions. La vie est pleine d'imprévus et d'incidents. On n'est donc pas obligé d'attendre que tout et tous soient complètement installés pour jouer des petites scènes de la vie quotidienne. Libre à vous d'écrire l'histoire de **l'immeuble** et de décider en puisant dans les chapitres 3 à 10 qu'à tel moment des habitants se rencontrent dans l'escalier, se téléphonent, se marient, s'écrivent des lettres anonymes ou d'amour, refont la décoration de leur appartement, qu'un cadavre vient d'être découvert dans la cave ou qu'une tempête a endommagé le toit...

Ce livre est le guide de construction et d'animation de **l'immeuble** ; vous y trouverez dix sections :

1 Construction

C'est la mise en place du décor et des gens. Il faut commencer par là.
Dans un roman, cela correspond à la présentation des personnages dans leur cadre.
La construction peut se faire en trois ou quatre heures, auxquelles on peut ajouter deux bonnes heures pour recopier et classer les productions.

2 Décoration

On ajoute des détails, des couleurs : on « personnalise ». L'immeuble n'est pas n'importe quelle maison : la chambre de Paul n'est pas celle de Josette et ne ressemble pas non plus à celle de M. et Mme X.

3 Fac-similés

Pour faire plus vrai, chaque fois que vous imaginez un document, par exemple une carte de visite, une pancarte, une lettre, confectionnez-la comme un vrai document : papier, couleur, format, caractères et, bien sûr, style et contenu !

4 Jeux de rôles

Vous n'allez pas construire un immeuble anonyme où personne ne se connaît ; la vie de l'immeuble est faite de communications ; les gens se rencontrent, se disent bonjour, échangent des civilités ou des nouvelles, se rendent des services, mais parfois aussi se plaignent, disent du mal les uns des autres, se jalousent.

Vous allez imaginer et jouer ces scènes. Certaines seront très simples : Mme X rencontre M. Z dans l'escalier ; ils se saluent et échangent une ou deux phrases sur le temps qu'il fait. D'autres seront un peu moins banales : *la mère Michel demande au père Lustucru de l'aider à retrouver son chat...*

5 Romanesque

Chaque personnage a une histoire dont certaines sont de véritables petits romans que vous allez écrire.

6 Observations

Bruits, odeurs, détails, indices : les activités d'observation enrichissent le vocabulaire et préparent des rebondissements romanesques.

7 Correspondance

Chaque habitant de l'immeuble, adulte et enfant, écrit ou reçoit du courrier : lettres de vacances, cartes postales, cartons d'invitation, lettres anonymes. À vos plumes !

8 Curiosités

De la cave au grenier en passant par le débarras ou la bibliothèque, on trouve de tout dans un immeuble. Les gens conservent et même collectionnent les objets les plus inattendus. À vous de découvrir ces trésors !

9 Animation

À tout instant, il se passe quelque chose dans un immeuble. Et la vie quotidienne peut être soudain bouleversée par une visite imprévue ou un incident extraordinaire.

10 Romans

L'immeuble est aussi le lieu où l'on peut naître, vivre, aimer et mourir. Vous allez écrire une ou plusieurs histoires d'amour et enquêter sur un crime.

Quant à l'immeuble et à ses habitants, qu'en sera-t-il d'eux dans dix ans ? C'est encore une autre histoire...

Règles et conseils

1 Respectez rigoureusement les consignes : contrairement à ce qu'on pourrait croire à première vue, la créativité est stimulée par les contraintes.

2 Cette simulation est l'invention d'un univers qui se construit progressivement. Tout ce qui est inventé existe, doit être archivé et ne peut plus être changé.

3 Si on utilise plusieurs fois cette simulation, on verra des variantes remarquables dues à certaines décisions initiales : cinq Croates dans une chambre donnent une société secrète ; une Irlandaise avec un poisson rouge et une Renault 5 a quelques chances d'être hôtesse de l'air ou interprète à l'UNESCO.

4 Utilisez au maximum vieux journaux, catalogues, annuaires et index alphabétiques.

Comment procéder

L'idéal est d'être un groupe de dix à trente participants. Selon les exercices, on peut travailler :
— en grand groupe, par exemple pour la recherche initiale d'idées,
— par sous-groupes sur des thèmes différents,
— par sous-groupes sur le même thème afin de choisir la meilleure production : on n'en choisit qu'une afin de ne pas créer d'univers parallèles où l'on se perdrait,
— individuellement pour certains exercices écrits.

● La totalité des productions retenues à la fin de chaque séance doit être conservée, archivée et reproduite : elle constitue la mémoire et l'histoire de l'immeuble et de ses habitants. Pour certains exercices, il est nécessaire de se servir de détails apparus au cours de séances antérieures assez éloignées. Constituer pour cela un fichier des appartements et surtout un fichier des personnages.

● Il est utile de disposer, si possible :
— d'un local permanent et de surfaces murales assez vastes pour des collages à grande échelle,
— d'un espace théâtre pour des jeux de rôles,
— de matériel de dessin varié et de qualité pour les fac-similés,
— de matériel photographique de type Polaroïd pour reproduire rapidement certains documents.

Voici l'immeuble

C'est une maison de quatre étages ; le dernier étage est mansardé ; au rez-de-chaussée à droite, un magasin. Sur le mur de droite, une grande publicité peinte à même la pierre, il y a trente ans. L'immeuble est assez ancien. Dans des niches, au-dessus de la porte, des statues en plâtre.

Dans cet immeuble habitent 30 personnes :

10 hommes de 22 à 68 ans (à préciser)[1],

11 femmes de 20 à 82 ans (à préciser),
9 enfants des deux sexes (à préciser), de 2 mois à 16 ans (à préciser).

Parmi ces 30 personnes :

25 sont de nationalité française,
5 d'une autre nationalité, pas forcément la même (à préciser).

1 La mention « à préciser » signifie que ces détails sont à inventer.

Il y a également 8 animaux :

4 chiens,
2 chats,
2 autres animaux (à préciser).

L'immeuble est composé de 14 logements :

5 chambres ou studios,
4 deux-pièces,
4 trois-pièces,
1 quatre-pièces,

répartis comme suit :

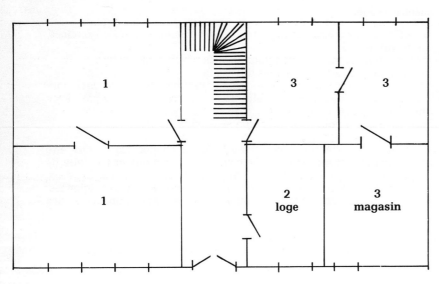

Rez-de-chaussée

1 un appartement de 2 pièces,
2 une pièce : loge de concierge,
3 un magasin et un petit deux-pièces.

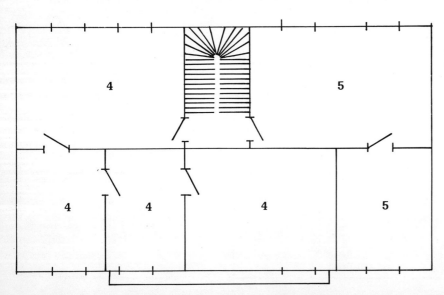

1er étage

4 un appartement de 4 pièces,
5 un appartement de 2 pièces.

2e étage

6 un appartement de 3 pièces,
7 un appartement de 3 pièces.

3e étage

8 un appartement de 3 pièces,
9 un appartement de 3 pièces.

4e étage

10 une chambre,
11 une chambre,
12 une chambre,
13 un studio,
14 un appartement de 2 pièces.

Note : les appartements et chambres sont numérotés pour qu'on puisse ensuite s'y référer sans se tromper. Exemple : *4e étage, chambre 12.*

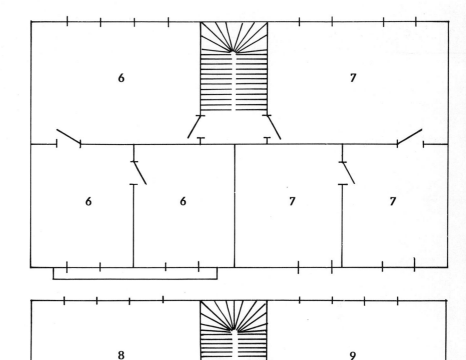

1

CONSTRUCTION

1.1 Répartition des habitants

1 Faites un schéma de l'immeuble ou, si c'est plus commode, photocopiez le plan simplifié du tableau 1.1.

Répartissez maintenant **les trente habitants et les animaux** de l'immeuble dans les 14 logements : appartements, studios et chambres.

Donnez quelques indications simples **sur les personnages :** *âge, sexe, nationalité, profession.*

Exemple 1 :
Dans le grand appartement n° 4 habite une vieille dame, veuve, riche ; elle vit seule avec ses deux chats siamois. Elle est aidée par une jeune fille au pair, anglaise, qui loge dans la chambre n° 10 du quatrième étage.

Exemple 2 :
Deux amis peintres, 25 et 30 ans, habitent le petit deux-pièces n° 5 ; ils ont un perroquet du Brésil.

● **Durée de l'exercice :**
— en sous-groupe, 20 minutes,
— seul ou à deux, 1 heure.

Pour « placer » tous les habitants de l'immeuble, chacun propose successivement des habitants pour l'un des quatorze logements.
Si vous êtes nombreux, par exemple une trentaine, même procédé mais par groupe de deux.

On peut aussi créer des surprises en utilisant le système du tour de table. Le premier participant annonce par exemple :
Je propose une vieille dame, veuve et riche, que je place dans le logement n° 4.
Le deuxième participant peut annoncer à son tour :
Je propose un peintre ; c'est le petit-fils de la veuve du logement n° 4 et je le place dans le logement n° 5.
Et ainsi de suite.

Il est possible également de confectionner deux tas de cartes, l'un pour les logements, l'autre pour les habitants et de tirer au hasard deux cartes. On peut arriver ainsi à des situations curieuses qu'il conviendra de justifier par la suite.
Par exemple : *un adolescent seul dans un grand appartement de quatre pièces ou un couple avec ses deux enfants dans une chambre de bonne...*

● **Attention : de la variété !**
— Ne mettez pas seulement des personnages âgés, des professeurs, des fonctionnaires ou des bourgeois.

— Précisez si l'habitant est propriétaire ou locataire de son logement. Depuis quand ? À qui l'a-t-il acheté ou loué ?

2 Écrivez dans chaque rectangle correspondant aux appartements **les premiers renseignements sur les occupants :** *noms, prénoms, âges, professions...*

TABLEAU 1.1
Plan simplifié de l'immeuble

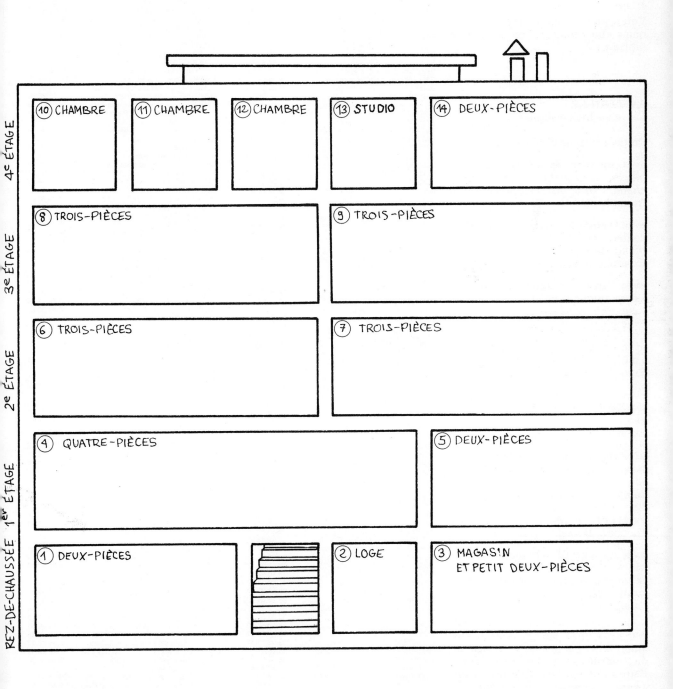

1.2 Prénoms et noms

Tous les Français ne s'appellent pas Dupont ; **donnez des noms** à tous les habitants de l'immeuble. Choisissez les *prénoms* dans le calendrier (document 1.2) et les *noms* dans un annuaire du téléphone (document 1.1).

Vous pouvez aussi inventer des noms « bien français » en utilisant le tableau 1.2.

TABLEAU 1.2
Les noms bien français

On peut obtenir beaucoup de noms :

avec un nom de métier : *boucher, berger, charpentier, maçon, marchand, marin, meunier, porcher...*
Exemple : *Gustave Charpentier*

avec l'article le suivi d'un adjectif de couleur de cheveux : *brun, blond, blanc, roux, rouge, noir, gris...*
Exemple : *Albert Lebrun*

avec l'article le suivi d'un adjectif « physique » : *grand, petit, gros, gras, long, fort, jeune, beau...*
Exemple : *Suzanne Lelong*

avec l'article le suivi d'un adjectif « moral » : *franc, doux, sage...*
Exemple : *Gisèle Lefranc*

avec l'article le suivi d'un nom d'animal : *oiseau, coq, lièvre, chat, cerf...*
Exemple : *Pierre Lechat*

avec du, de, le, ou la et un nom de lieu : *bois, champ, pré, val, vallon, lac, chemin, moulin, mont, ville, campagne, rue...*
Exemple : *Augustine Dumoulin, Prosper Delécluse, Philippe Dumont, Marcel Laville.*

avec un adjectif indiquant une province d'origine : *breton, poitevin, normand, flamand, picard, lorrain, provençal...*
Exemple : *Henri Poitevin.*

Mais n'oubliez pas qu'il faut de tout pour faire un monde et même un immeuble et qu'on peut aussi s'appeler *Pompidou, Giscard* ou *Mitterrand* ou encore *Cohen, Simeoni, Alvarez, Ben Saïd, Johnson, Petrov, Schneider, Zwingle* ou *Tran Van Minh.*

DOCUMENT 1.1
Quelques noms

ABADIE Hugues 5 av Victor-Hugo	38.57.22.30
ADAM Nicolas 37 r Pasteur	38.53.13.21
AGOSTINI Annette 30 r Paris	38.46.54.50
AIMÉ François 47 r République	38.37.22.30
ALAIN Pierre 30 av République	38.42.13.21
ARNAL Daniel 25 bd Émile-Zola	38.14.25.36
AUGER Vincent 92 r Galilée	38.28.95.12
AZOULAY Sylvie 72 av Voltaire	38.45.64.22
BACHELIER Antoine	
55 pass Saint-Martin	38.64.22.22
BADJI Hélène 13 r Ampère	38.39.53.95
BAILLET Pierre 102 r Église	38.60.63.39
BAKALIAN Serge 44 r Polonais	38.45.64.22
BALLAND René 5 pl République	38.39.51.95
BARBIER Alphonse 11 r Paris	38.41.21.00
BARON Jules	
15 bd Jean-Jacques-Rousseau	38.35.45.04
BARTHELEMY Marc 38 bd Italie	38.45.68.17
BARTOLI Michel 2 av Bretagne	38.10.60.11
BATAILLE Raymond 27 av Mozart	38.88.58.67
BATTINI Francis 39 r Jean-Jaurès	38.82.77.20
BAUER Antoinette 22 pl Marché	38.45.10.28
BEAUCHAMP Christine 24 r Libération	38.76.11.88
BELGRAND Xavier 56 av Voltaire	38.57.56.73
BELLANGER Marcel 35 bd Émile-Zola	38.64.94.76
BENSOUSSAN Annie 24 r Molière	38.55.07.06
BERNADAC Jean 12 r Marronniers	38.12.20.91
BERTRAND Alain 118 bd Jules-Ferry	38.61.10.73
BOURDEAU Marie-Claire 52 r Polonais	38.78.63.80
CADET Jean-Jacques 32 r Polonais	38.50.10.86
CAILLAUD Béatrice 48 r Rosiers	38.94.34.83
CAMUS Roselyne 51 bd Italie	38.12.27.87
CANTIN René 14 bd Jules-Ferry	38.23.14.24
CAPPELLI Jean 10 av Gal-Foch	38.16.10.29
CARADEC Gilbert 120 av Bretagne	38.12.50.37
CARRIÈRE Louis 72 r Église	38.95.18.14
CASANOVA Bernadette 131 r Ampère	38.05.94.09
CASSAGNE Sabine	
22 bd Jean-Jacques-Rousseau	38.40.18.10
CASTEL Renaud 41 av Fraternité	38.65.79.05
CASTRO Jean-François	
92 av Victor-Hugo	38.72.95.94
CHABANNE Tanguy 24 pl Marché	38.13.72.76
CHABOT Raoul 145 r Église	38.74.04.76
CHARPENTIER Jean-Louis 57 bd Italie	38.83.27.90
CLÉMENT Justine 55 r Racine	38.65.25.97
COHEN Albert 42 av Mozart	38.73.88.72
COLIN Anne-Sophie 69 r Paris	38.96.13.62
DARMON Brigitte 3 imp Albert-Einstein	38.75.19.61
DAVID Pascal 54 r Ampère	38.63.99.26
DEBRAY Gabriel 62 bd Émile-Zola	38.49.70.49
DELAGE Raphaël 36 av Voltaire	38.43.26.80
DELAHAYE Monique 26 r Paris	38.44.60.46
DELARUE Richard 44 r Paix	38.21.55.28
DELCROIX Jacques 85 r Galilée	38.14.75.20
DESVIGNES Nadège 82 bd Italie	38.69.15.73
DIALLO Léon 71 av Gal-Foch	38.49.18.38
DORMOY Marguerite 28 av Victor-Hugo	38.81.88.42
DOS SANTOS Hélène 43 r Rosiers	38.76.66.04
DUCHESNE Lucie 56 bd République	38.51.06.12
EL HAIK Zita 153 r Corneille	38.26.29.83
ELOY Maurice 75 av Gal-Foch	38.93.01.14
EMERY Odette 77 r Rosiers	38.47.79.63
ESPINASSE Thomas 5 pl République	38.49.42.45
FABRE Thierry	
9 bd Jean-Jacques-Rousseau	38.37.94.20
FAUVEL Mathieu 52 av Gal-Foch	38.69.40.10
FELDMAN Raymond 25 av Résistance	38.32.24.22
FERAUD Hugues 31 av Bretagne	38.18.57.09
FERNANDEZ Jean 37 r Paix	38.86.27.70
FLEURY Norbert 103 bd Italie	38.63.39.58
FLOCH Joël 82 r Marronniers	38.10.67.14
GALLET Jean-Pierre 71 r Paris	38.39.14.47
GARCIA José 45 r Molière	38.63.37.94
GARNIER Firmin 25 pl Marché	38.20.63.80
GAUTHIER Patrice 112 av Voltaire	38.82.12.37
GAY Félix 31 av Bretagne	38.38.24.40
GENIN Étienne 78 r Église	38.43.57.13
GENTIL Irène 4 r Église	38.83.63.57
GEOFFROY Olivier 84 pl Liberté	38.93.17.18
GÉRARD Michel 32 bd Émile-Zola	38.10.18.10
GILLET Nathalie 53 r Paris	38.74.03.08
GIRAUD Fabrice 77 av Gal-Foch	38.27.49.44
GODLEWSKI Fernand 13 r Marronniers	38.73.72.09
GOMEZ Philippe 28 r Paix	38.27.47.15
HADJADJ Raïssa 27 r Pasteur	38.38.13.82
HAMELIN Eugène 38 pl République	38.03.07.74
HARDY Thérèse 24 r Rosiers	38.52.56.57
HEBERT Gaston 18 r Racine	38.89.73.80
HENG-VONG Seng 26 av Mozart	38.16.89.82

HERVÉ Joseph	
6 bd Jean-Jacques-Rousseau	38.80.47.52
IMBERT Auguste 141 av Victor-Hugo	38.32.39.75
ISAAC Natacha 72 r Rosiers	38.48.35.84
ISNARD Jean-Michel 43 r Ampère	38.68.42.89
JACQUET Renée 52 r Rosiers	38.67.16.56
JANVIER Éric 7 pass Saint-Martin	38.17.67.27
JAVANOVIC Lydie 28 r Paix	38.55.00.03
JEANNOT Florence 47 av Gal-Foch	38.65.05.16
KAHN Yvette 110 r Polonais	38.30.04.73
KELLER Kevin 14 av Bretagne	38.31.60.54
LACOMBE Solange 27 pl Marché	38.17.69.16
LACROIX Armand 42 bd Jules-Ferry	38.98.03.75
LAINÉ Hubert 47 bd Italie	38.30.59.08
LALLEMAND Marie-Paule 6 r Paris	38.62.12.77
LAMBERT Rémy 112 av Voltaire	38.07.57.60
LAROCHE Alfred 92 r Marronniers	38.43.50.93
LECUYER Maxime 18 pass Saint-Martin	38.88.05.82
LEGALL Hervé 213 r Église	38.80.44.60
LEGRAND Luc 29 r Galilée	38.10.21.70
LELIÈVRE Honoré 6 av Mozart	38.85.26.60
LEQUELLEC André 73 bd Émile-Zola	38.07.49.48
LEVESQUE Édouard 59 r Pasteur	38.90.88.07
LEVY Sylvain	
52 bd Jean-Jacques-Rousseau	38.66.89.44
LONG-HIM-NAM Pheng	
90 av République	38.35.89.37
MAHÉ Loïc pl République	38.34.46.87
MAILLET Serge 24 pass Saint-Martin	38.50.26.52
MAIRE Emmanuel 52 av Bretagne	38.84.17.31
MALEK Arthur 9 pl République	38.64.74.16
MALTERRE Daniel 74 r Jean-Jaurès	38.46.36.19
MANUEL Sébastien 40 r Polonais	38.86.82.68
MARCHAND Alice 17 av Voltaire	38.01.62.58
MARCHETTI Marius	
7 imp Albert-Einstein	38.70.16.04
MARCOVICI Vincent 97 r Paris	38.79.24.44
MÉNARD Martine 55 r Racine	38.54.33.10
MERCIER Odile 8 pl Victoire	38.63.62.46
MEYER Claude 84 bd Jules-Ferry	38.07.97.50
MIMOUN Manuel 34 r Rosiers	38.87.52.41
MONTEL Grégoire 71 av Résistance	38.43.00.74
NGUYEN-TRÔNG Isabelle	
40 r Gal-Foch	38.65.00.40
NICOT Martial 12 pl Marché	38.98.72.98
NOËL Viviane 48 r Libération	38.63.90.88
OLIVIER Marc 94 r Paris	38.16.90.63
ORTEGA Joseph 56 av Mozart	38.38.06.22
PAOLI Dominique 54 imp Albert-Einstein	38.22.83.01
PAPIN Rosalie 38 bd Italie	38.49.00.01
PASCAL Marthe 96 av Gal-Foch	38.52.44.73
PASQUIER Julie 10 av Voltaire	38.03.21.87
PAVLOVIC Rodolphe 112 r Galilée	38.21.43.79
PELLETIER Jean-Marc 14 pl Marché	38.51.32.10
PETIT Laurent 50 r Église	38.57.87.40
PFEIFFER Julien 31 r Polonais	38.88.44.43
PHAM VAN Dong 14 r Marronniers	38.88.47.33
PIETRI Olivier 103 r Paris	38.07.71.66
RAMBAUD Corinne 22 pl Victoire	38.71.56.66
RAULT Michel 71 r Église	38.97.04.48
RAWICKI Guy 53 r Ampère	38.79.06.91
RAYNAUD Sabine 60 r Paris	38.79.33.66
RENARD Élise 72 av Gal-Foch	38.77.59.58
RENUCCI Jean-Pierre 61 r Pasteur	38.80.39.76
REY Carole 71 r Paix	38.68.06.40
RICHARD Sophie 87 r Ampère	38.93.88.45
SALEM Victor	
16 bd Jean-Jacques-Rousseau	38.70.03.93
SANCHEZ Dominique 84 av Mozart	38.09.59.57
SAULNIER Rolande 70 r Polonais	38.81.05.14
SAUVAGE André 27 av Bretagne	38.03.38.13
SCHAEFFER Jules 24 pl Victoire	38.90.38.64
SEBAGH Denis 55 av Fraternité	38.78.32.23
SILVESTRE Patrick 54 r Église	38.70.75.91
SIMONET Lise 42 r Église	38.73.90.69
SOLIGNAC Gisèle 80 r Pasteur	38.88.33.39
SOREL Léon 57 r Marronniers	38.45.89.55
SOUCHET Guillaume 14 av Mozart	38.87.11.70
SOULIER Victor 76 r Galilée	38.65.92.41
SPITZ Jean-Pierre 77 r Galilée	38.20.67.36
TAIEB Habib 92 bd Jules-Ferry	38.62.69.35
TARDY Gérard 22 pl Marché	38.49.55.23
TCHANG Claire 43 av Bretagne	38.64.96.64
THIBAULT Denise 26 av Résistance	38.15.52.56
THOMAS Marcel 41 pass Saint-Martin	38.81.86.77
TROUILLET Romain 57 r Paris	38.92.49.33
ULLMANN Alfred 31 av Voltaire	38.75.35.20
VAILLANT Émilie	
81 bd Jean-Jacques-Rousseau	38.11.39.19
VALENTIN Patrick 8 imp Albert-Einstein	38.80.38.90
VANIER Odile 20 pl Liberté	38.19.62.15
VILLAIN Christine 91 r Paris	38.34.79.95
WEIL Marina 21 bd Jules-Ferry	38.56.88.94
WOLFF Françoise 100 r Galilée	38.40.75.54
ZANETTI Catherine 18 bd Émile-Zola	38.36.51.93

DOCUMENT 1.2
Quelques prénoms

JANVIER
Les jours augmentent de 1 h 06

#	J	Prénom	Sem.
1	M	JOUR DE L'AN	
2	J	Basile	01
3	V	Geneviève	
4	S	Odilon	
5	D	Epiphanie	
6	L	Melaine	02
7	M	Raymond	
8	M	Lucien	
9	J	Alix	
10	V	Guillaume	
11	S	Paulin	
12	D	Bapt. du Seign.	
13	L	Yvette	03
14	M	Nina	
15	M	Rémi	
16	J	Marcel	
17	V	Roseline	
18	S	Prisca	
19	D	Marius	
20	L	Sébastien	04
21	M	Agnès	
22	M	Vincent	
23	J	Barnard	
24	V	François Sales	
25	S	Conv. St Paul	
26	D	Paule	
27	L	Angèle	05
28	M	Thom. d'Aquin	
29	M	Gildas	
30	J	Martine	
31	V	Marcelle	

FEVRIER
Les jours augmentent de 1 h 34

#	J	Prénom	Sem.
1	S	Ella	
2	D	Présentation	
3	L	Blaise	06
4	M	Véronique	
5	M	Agathe	
6	J	Gaston	
7	V	Eugénie	
8	S	Jacqueline	
9	D	Apolline	
10	L	Arnaud	07
11	M	Mardi gras	
12	M	Cendres	ja
13	J	Béatrice	
14	V	Valentin	a
15	S	Claude	
16	D	Carême	
17	L	Alexis	08
18	M	Bernadette	
19	M	Gabin	QT
20	J	Aimée	
21	V	Pierre Damien	a
22	S	Isabelle	
23	D	Lazare	
24	L	Modeste	09
25	M	Roméo	
26	M	Nestor	
27	J	Honorine	
28	V	Romain	a

COMPUT 1986
Nombre d'or 11. Cycle solaire 7
Epacte 19. Lettre dominicale E

MARS
Les jours augmentent de 1 h 52

#	J	Prénom	Sem.
1	S	Aubin	
2	D	Charles le Bon	
3	L	Guénolé	10
4	M	Casimir	
5	M	Olive	
6	J	Mi-Carême	
7	V	Félicité	a
8	S	Jean de Dieu	
9	D	Françoise	
10	L	Vivien	11
11	M	Rosine	
12	M	Justine	
13	J	Rodrigue	
14	V	Mathilde	a
15	S	Louise	
16	D	Bénédicte	
17	L	Patrice	12
18	M	Cyrille	
19	M	Joseph	
20	J	Herbert	
21	V	Clémence	a
22	S	Léa	
23	D	Rameaux	
24	L	Catherine	13
25	M	Humbert	
26	M	Larissa	
27	J	Habib	
28	V	Vend. Saint	ja
29	S	Gwladys	
30	D	PAQUES	
31	L	Benjamin	14

AVRIL
Les jours augmentent de 1 h 43

#	J	Prénom	Sem.
1	M	Hugues	
2	M	Sandrine	
3	J	Richard	
4	V	Isidore	
5	S	Irène	
6	D	Marcellin	
7	L	Annonciation	15
8	M	Julie	
9	M	Gautier	
10	J	Fulbert	
11	V	Stanislas	
12	S	Jules	
13	D	Ida	
14	L	Maxime	16
15	M	Paterne	
16	M	Benoît Labre	
17	J	Anicet	
18	V	Parfait	
19	S	Emma	
20	D	Odette	
21	L	Anselme	17
22	M	Alexandre	
23	M	Georges	
24	J	Fidèle	
25	V	Marc	
26	S	Alida	
27	D	Souv. Déportés	
28	L	Valérie	18
29	M	Cath. de Sienne	
30	M	Robert	

Printemps : 20 mars à 22 h 03

MAI
Les jours augmentent de 1 h 18

#	J	Prénom	Sem.
1	J	F. TRAVAIL	
2	V	Boris	
3	S	Jacques/Phil.	
4	D	Sylvain	
5	L	Judith	19
6	M	Prudence	
7	M	Gisèle	
8	J	ASCENSION	
9	V	Pacôme	
10	S	Solange	
11	D	Fête J. d'Arc	
12	L	Achille	20
13	M	Rolande	
14	M	Matthias	
15	J	Denise	
16	V	Honoré	
17	S	Pascal	
18	D	PENTECOTE	
19	L	Yves	21
20	M	Bernardin	
21	M	Constantin	QT
22	J	Emile	
23	V	Didier	
24	S	Donatien	
25	D	F. des Mères	
26	L	Bérenger	22
27	M	Augustin	
28	M	Germain	
29	J	Aymar	
30	V	Ferdinand	
31	S	Visitation	

JUIN
Les jours augmentent de 13 mn

#	J	Prénom	Sem.
1	D	FETE DIEU	
2	L	Blandine	23
3	M	Kévin	
4	M	Clotilde	
5	J	Igor	
6	V	Sacré-Cœur	
7	S	Gilbert	
8	D	Médard	
9	L	Diane	24
10	M	Landry	
11	M	Barnabé	
12	J	Guy	
13	V	Antoine de P.	
14	S	Elisée	
15	D	F. des Pères	
16	L	Jean-Fr.-Rég.	25
17	M	Hervé	
18	M	Léonce	
19	J	Romuald	
20	V	Silvère	
21	S	Rodolphe	
22	D	Alban	
23	L	Audrey	26
24	M	Jean-Baptiste	
25	M	Prosper	
26	J	Anthelme	
27	V	Fernand	
28	S	Irénée	
29	D	Pierre/Paul	
30	L	Martial	27

Eté : 21 juin à 16 h 30

JUILLET
Les jours diminuent de 1 h

#	J	Prénom	Sem.
1	M	Thierry	
2	M	Martinien	
3	J	Thomas	
4	V	Florent	
5	S	Antoine-Marie	
6	D	Mariette	
7	L	Raoul	28
8	M	Thibaut	
9	M	Amandine	
10	J	Ulrich	
11	V	Benoît	
12	S	Olivier	
13	D	Henri/Joël	
14	L	FÊTE NAT.	29
15	M	Donald	
16	M	ND Mt Carmel	
17	J	Charlotte	
18	V	Frédéric	
19	S	Arsène	
20	D	Marina	
21	L	Victor	30
22	M	Marie-Mad.	
23	M	Brigitte	
24	J	Christine	
25	V	Jacques le Maj.	
26	S	Anne	
27	D	Nathalie	
28	L	Samson	31
29	M	Marthe	
30	M	Juliette	
31	J	Ignace de L.	

AOUT
Les jours diminuent de 1 h 39

#	J	Prénom	Sem.
1	V	Alphonse	
2	S	Julien	
3	D	Lydie	
4	L	J-M Vianney	32
5	M	Abel	
6	M	Transfiguration	
7	J	Gaétan	
8	V	Dominique	
9	S	Amour	
10	D	Laurent	
11	L	Claire	33
12	M	Clarisse	
13	M	Hippolyte	
14	J	Evrard	
15	V	ASSOMPTION	
16	S	Armel	
17	D	Hyacinthe	
18	L	Hélène	34
19	M	Jean Eudes	
20	M	Bernard	
21	J	Christophe	
22	V	Fabrice	
23	S	Rose	
24	D	Barthélemy	
25	L	Louis	35
26	M	Natacha	
27	M	Monique	
28	J	Augustin	
29	V	Sabine	
30	S	Fiacre	
31	D	Aristide	

SEPTEMBRE
Les jours diminuent de 1 h 46

#	J	Prénom	Sem.
1	L	Gilles	36
2	M	Ingrid	
3	M	Grégoire	
4	J	Rosalie	
5	V	Raïssa	
6	S	Bertrand	
7	D	Reine	
8	L	Nativité N-D	37
9	M	Alain	
10	M	Inès	
11	J	Adelphe	
12	V	Apollinaire	
13	S	Aimé	
14	D	Sainte-Croix	
15	L	Roland	38
16	M	Edith	
17	M	Renaud	
18	J	Nadège	
19	V	Emilie	
20	S	Davy	
21	D	Matthieu	
22	L	Maurice	39
23	M	Constant	
24	M	Thècle	QT
25	J	Hermann	
26	V	Côme/Damien	
27	S	Vincent de Paul	
28	D	Venceslas	
29	L	Michel	40
30	M	Jérôme	

Automne 23 septemb à 7 h 59

OCTOBRE
Les jours diminuent de 1 h 46

#	J	Prénom	Sem.
1	M	Thérèse E.-Jés.	
2	J	Léger	
3	V	Gérard	
4	S	François Ass.	
5	D	Fleur	
6	L	Bruno	41
7	M	Serge	
8	M	Pélagie	
9	J	Denis	
10	V	Ghislain	
11	S	Firmin	
12	D	Wilfried	
13	L	Géraud	42
14	M	Juste	
15	M	Thérèse d'Avila	
16	J	Edwige	
17	V	Baudouin	
18	S	Luc	
19	D	René	
20	L	Adeline	43
21	M	Céline	
22	M	Salomé	
23	J	Jean de Cap.	
24	V	Florentin	
25	S	Crépin	
26	D	Dimitri	
27	L	Emeline	44
28	M	Simon	
29	M	Narcisse	
30	J	Bienvenue	
31	V	Quentin	

NOVEMBRE
Les jours diminuent de 1 h 21

#	J	Prénom	Sem.
1	S	TOUSSAINT	
2	D	Défunts	
3	L	Hubert	45
4	M	Charles Borrom.	
5	M	Sylvie	
6	J	Bertille	
7	V	Carine	
8	S	Geoffroy	
9	D	Théodore	
10	L	Léon	46
11	M	VICTOIRE 1918	
12	M	Christian	
13	J	Brice	
14	V	Sidoine	
15	S	Albert	
16	D	Marguerite	
17	L	Elisabeth	47
18	M	Aude	
19	M	Tanguy	
20	J	Edmond	
21	V	Présent. N.-D.	
22	S	Cécile	
23	D	Christ-Roi	
24	L	Flora	48
25	M	Cath. Labouré	
26	M	Delphine	
27	J	Séverin	
28	V	Jacq. de la M.	
29	S	Saturnin	
30	D	Avent	

DECEMBRE
Les jours diminuent de 16 mn

#	J	Prénom	Sem.
1	L	Florence	49
2	M	Viviane	
3	M	Franç. Xavier	
4	J	Barbara	
5	V	Gérald	
6	S	Nicolas	
7	D	Ambroise	
8	L	Imm.Conc.	50
9	M	Pierre Fourier	
10	M	Romaric	
11	J	Daniel	
12	V	Chantal	
13	S	Lucie	
14	D	Odile	
15	L	Ninon	51
16	M	Alice	
17	M	Judicaël	QT
18	J	Gatien	
19	V	Urbain	
20	S	Théophile	
21	D	Pierre Canisius	
22	L	Françoise-X.	52
23	M	Hartmann	
24	M	Adèle	
25	J	NOEL	
26	V	Etienne	
27	S	Jean Apôtre	
28	D	Ste Famille	
29	L	David	01
30	M	Roger	
31	M	Sylvestre	

Hiver 22 décembre à 4 h 02

1.3 L'adresse de l'immeuble

Notre immeuble se trouve en France. Il n'est ni riche, ni pauvre et l'on peut y rencontrer des gens très différents appartenant aux classes moyennes de la société. Il est situé à Paris ou dans une petite ville de province. À vous de décider ! À vous également d'inventer l'adresse de l'immeuble, numéro et rue.
Inspirez-vous du document 1.3 et du tableau 1.3.

● **Un peu de fantaisie :**

Cherchez sur un plan de Paris des noms de vieilles rues ; vous trouverez aussi des noms curieux et poétiques comme :
rue du Chemin-Vert,
rue du Pot-de-Fer,
rue des Cinq-Diamants,
rue du Petit-Musc,
rue de la Grange-aux-Belles,
rue du Dragon.

Sur ce modèle, vous pouvez inventer d'autres noms pour les fac-similés ; des noms poétiques :
rue du Canard-Bleu,
passage des Hirondelles,
boulevard des Mille-et-une-Nuits,
des noms humoristiques :
rue du Fer-à-repasser,
boulevard du Magnétoscope,
square des Ordinateurs,
impasse de l'Audiovisuel.

Enfin, rappelez-vous que :
— les abréviations habituelles sont :
av. pour avenue,
bd pour boulevard,
— les noms de rues s'écrivent avec une majuscule,
— les noms de rues composés sont réunis par des traits d'union :
rue du Pot-de-Fer,
rue Sainte-Geneviève.

Et si vous voulez vous amuser encore avec les noms de rues, comparez les noms d'un quartier chic (**Paris 16ᵉ, Neuilly**) et ceux d'un quartier populaire (**Paris 13ᵉ, Ivry**). Comptez, par exemple, les noms de militaires, de révolutionnaires ; interrogez-vous sur le choix des noms d'hommes célèbres, etc.

TABLEAU 1.3
Inventer des adresses

1 L'adresse de l'immeuble peut être :
une rue,
une avenue,
une place,
un boulevard,
ou encore *un cours, un quai, un square, un passage, une impasse.*

2 Choisissez un nom ; cela peut être :

un nom de personne :
Pasteur, Molière, Pascal...

un prénom et **un nom :**
Jean-Jaurès, Albert-Camus...

un nom de personnage « important » avec son titre :
rue, avenue...
du maréchal, du général, de l'amiral, du cardinal, du président, du docteur...
Foch, Poincaré, de Gaulle...

un nom de saint ou de sainte :
n'importe quel nom du calendrier.

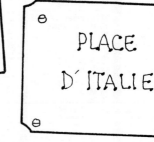

un nom de pays ou de région :
Espagne, Pologne, Siam, Maroc, Sicile, Bourgogne, Provence...

un nom de ville :
Paris, Lyon, Rome, Tokyo...

le nom d'un lieu ou d'un bâtiment public :
pont, port, gare, hôpital, marché, école, mairie, hôtel de ville, église...

un nom de nationalité :
italien, anglais...

un nom de métier :
boulanger, tanneur, potier, artiste...

un nom de fleur, d'arbre ou de plante :
chêne, olivier, rosier, tilleul, amandier, marronnier, lilas...

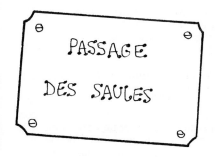

un nom « abstrait » :
fraternité, république, libération, résistance...

DOCUMENT 1.3
Le Puy : index des rues (extrait)

Acacias (cité des)
Alègre (r. Yves-d')
Alençon (r. d')
Alouettes (chem. des)
Amandiers (r. des)
Ancienne-Comédie (r. de l')
Ange (imp. de l')
Arnaud (r. du Docteur-)
Baillage (r. du)
Barthélemy (r. Jean-)
Becdelièvre (r.)
Bel-Air (cité)
Belges (av. des)
Bessat (r. du)
Bleuets (r. des)
Bonassieu (r.)
Boucherie-Basse (r. de la)
Boucherie-Haute (r. de la)
Boudignon (r. Félix-)
Bouillon (r. du)
Breuil (pl. du)
Canard (r. Auguste-)
Capucins (r. des)
Carnot (bd)
Cathédrale (av. de la)
Centrale (r.)
Cerisiers (r. des)
Chantemesse (av. Docteur-André-)
Chante-Perdrix (r.)
Charbonnier (av. Clément-)
Charles-VII (r.)
Chas (r. Henri-)
Chaussade (r.)
Chênebouterie (r.)
Chevaliers-Saint-Jean (r. des)
Chèvrerie (r.)
Clair (bd Alexandre-)
Clauzel (pl. du)
Clemenceau (av. Georges-)
Cloître (r. du)
Cluny (imp. de)
Coiffier (sq. Henri-)
Collège (r. du)
Compostelle (r. de)
Consulat (r. du)
Cordelières (r. des)
Cortial (r. Léon-)
Coudeyrette (r.)
Courrerie (r.)
Crozatier (r.)
Dentelle (av. de la)
Doue (r. Bertrand-de-)
Droite (r.)
Dubois (r.)
Du Guesclin (r.)
Dunant (r. Henri-)
Dunkerque (r. de)
Dupuy (av. Charles-)
Églantiers (r. des)
Épée (r. Abbé-de-l')
Estaunie (r. Édouard-)
Fabre (r. Jean-Baptiste-)
Farigoule (r. Pierre-)
Fieu (chem. du)
Foch (av. du Maréchal-)
Fonderie (r. de la)
For (pl. du)
France (r. Anatole-)
Francheterre (r.)
Gambetta (bd)
Gazelle (r. de la)
Giron (r. Aimé-)
Glycines (imp. des)
Gouteyron (r.)
Grangevieille (r.)
Gravejal (r. Paule-)
Greffe (pl. du)
Guitard (av. de)
Halle (pl. de la)
Haute (r.)
Hugo (r. Victor-)
Jacmon (r.)
Jardin-de-l'Évêque (r. du)
Jardins (r. des)
Joffre (bd du Maréchal-)
Jouvet (r. Louis-)
Labeyrac (r.)
La Fayette (r. du Général-)
Laines (pl. aux)
Laplace (r. André-)
La Tour-Maubourg (r.)

Lavastre (r.)
Leclerc (pl. du Maréchal-)
Libération (pl. de la)
Lilas (r. des)
Lille (r. de)
Louche (r. de)
Mairie (pl. de la)
Mandet (r. Francisque-)
Manécanterie (r. de la)
Marché-Couvert (pl. du)
Martin (r. Antoine-)
Martouret (pl. du)
Mérimée (r. Prosper-)
Mermoz (r.)
Meymard (r.)
Michelet (pl.)
Montferrand (r.)
Montredon (rte de)
Moulin-Pataud (r. du)
Moulins (r. des)
Mourgues (r. des)
Mouton-Duvernet (r.)
Musée (r. du)
11-Novembre (r. du)
Oudin (r. Louis-)
Ours-Mons (av. d')
Pannessac (r.)
Papelingue (mont. de)
Pascal (sq. Blaise-)
Passerelle (chem. de la)
Pasteur (cité)
Pèlerins (r. des)
Petit-Vienne (r. du)
Philibert (r.)
Pierret (r.)
Planet (pl. du)
Plâtrière (pl. de la)
Polignac (r. Cardinal-de-)
Pons-de-Chapteuil (r.)
Pont-Vieux (r. du)
Porteil-d'Avignon (r. du)
Porte-Aiguière (r.)
Pourrat (r. Henri-)
Pouzarot (r. du)
Prat-du-Loup (r.)
Prison (r. de la)
Puy-à-Ours-Mons (chem. du)
86e-Régiment-d'Infanterie (r. du)
Raphaël (r.)
République (bd de la)
Roche-Arnaud (sent. de la)
Rocher (r. Charles-)
Rocher-Taillade (r.)
Romain (r. Jules-)
Ronzade (r. de la)
Rosiers (imp. des)
Ruisseau (r. du)
Saint-Antoine (r.)
Saint-Barthélemy (fg)
Sainte-Agathe (r.)
Sainte-Catherine (chem. de)
Sainte-Claire (r.)
Sainte-Marie (r.)
Saint-Exupéry (r.)
Saint-Flory (av.)
Saint-Georges (r.)
Saint-Gilles (r.)
Saint-Jacques (r.)
Saint-Nectaire (r. Antoine-de-)
Saint-Pierre-la-Tour (r.)
Sand (r. George-)
Sarrecrochet (r.)
Saulnerie (r.)
Séguret (r.)
Sept-Épées (r. des)
Sermone (chem. de la)
Soulier (all. André-)
Sources (r. des)
Tables (r. des)
Tanneries (r. des)
Teinturiers (r. des)
Terrasson (r. Alphonse-)
Théodore (r. du Frère-)
Tonbridge (av. de)
Traversière-du-Consulat (r.)
Valenciennes (r. de)
Vallès (r. Jules-)
Val-Vert (av. du)
Vaneau (r.)
Verdun (r. de)
Vibert (r.)
Vienne (r. de)
Villeneuve (r.)
Visitation (r. de la)
Weil (r. Simone-)

1.4 Professions

Choisissez un métier

SECTEURS	ACCESSIBLE A TOUS	NIVEAU B.E.P.C. (OU C.A.P.)	NIVEAU BACCALAUREAT
SOINS DES ANIMAUX NATURE	☐ Eleveur de chiens ☐ Toiletteur de chiens ☐ Décorateur(trice) floral(e) ☐ Horticulteur ☐ Garde-chasse ☐ Garde forestier.	☐ Dessinateur(trice) de jardins ☐ Producteur(trice) de plantes médicinales ☐ Secrétaire assistant(e) vétérinaire ☐ Eleveur de chevaux.	☐ Entrepreneur paysagiste ☐ Technicien en agronomie tropicale ☐ Technicien en agriculture élevage.
METIERS INDEPENDANTS	☐ Vendeuse conseillère en parfumerie ☐ Vendeuse en prêt-à-porter ☐ Couturière ☐ C.A.P. couture flou ☐ Peintre sur tissus ☐ Créateur(trice) d'objets décoratifs.	☐ Esthéticienne ☐ C.A.P. esthéticienne-cosméticienne ☐ Dessinatrice de mode ☐ Modéliste ☐ Décoratrice d'intérieurs ☐ Antiquaire.	☐ B.T.S. esthétique-cosmétique ☐ Styliste de mode ☐ Décorateur ensemblier ☐ Décorateur de stands.
METIERS DE L'IMAGE	☐ C.A.P. photographe (option labo et option retouche) ☐ Monteur(se) de films ☐ C.A.P. dessinateur d'exécution en publicité.	☐ Photographe illustrateur ☐ Photographe publicitaire ☐ Opérateur de prise de son ☐ Caméraman ☐ Dessinateur publicitaire ☐ Illustrateur.	☐ Reporter photographe ☐ Scénariste ☐ Réalisateur vidéo ☐ Graphiste.

Qui fait quoi ? Qui travaille, qui ne travaille pas ? Indiquez les métiers et les occupations des habitants adultes.

Certains ne travaillent pas parce qu'ils sont *oisifs*, d'autres parce qu'ils ont de *l'argent*, des *revenus*, des *rentes*, d'autres parce qu'ils sont *retraités*, d'autres enfin parce qu'ils sont *sans travail, chômeurs*.

Certaines femmes n'ont pas *d'emploi* parce qu'elles sont des *femmes au foyer* ; elles s'occupent de leur famille, de leurs enfants.

Vous pouvez choisir des métiers connus : *médecin, dentiste, notaire, serrurier, cordonnier, relieur, épicier, chanteur,* etc., mais aussi des métiers modernes : *informaticien, cosmonaute, hôtesse, psychosociologue, etc.* Vous pouvez trouver des idées en consultant le document ci-dessus.

● **Conseils :**

1 Si vous proposez des professions ou des occupations comme *ingénieur, cadre, étudiant, fonctionnaire, commerçant, employé...*, **donnez des précisions :**

— *Étudiant(e)* d'accord, mais en quoi ? *En droit, en architecture, en médecine...*
— *Ingénieur* ou *cadre,* d'accord, mais *dans une usine de produits chimiques* ou *dans une fabrique de télé-skis ?*
— *Retraité(e)* d'accord, mais *de l'armée, des Postes, de la S.N.C.F. ?*
— *Musicien,* d'accord, mais *concertiste, professeur de piano* ou *joueur de banjo dans un cabaret ?*

2 **Évitez les clichés :** par exemple les femmes uniquement *institutrices, secrétaires* ou *infirmières* et les hommes *ingénieurs, médecins* ou *militaires* ; une femme peut être *juge d'instruction, chauffeur de taxi* ou *inspecteur de police.*

3 **Choisissez** enfin **une ou deux professions insolites :** *mage, voyante, physionomiste de casino, mireur d'œufs, détective privé, espion, croupier, plongeur sous-marin.*

4 En plus de la profession, **indiquez le violon d'Ingres et les occupations favorites** des habitants de l'immeuble pendant leurs heures de liberté : *sports, collections, manies, bricolage, activités artistiques...*
Par exemple :
M. X passe ses dimanches à planter des clous,
Mme Z fait du yoga,
M. Z collectionne les armes anciennes,
les époux S militent dans un mouvement écologiste.

Comme dans l'exercice 1.1, chacun précise pour chaque appartement la profession de ses habitants. On peut utiliser aussi la méthode du tour de table ou de la carte chance : chacun écrit le nom d'une profession sur une carte ; on rassemble et on bat les cartes ; on tire une carte pour chaque personnage. Si c'est trop invraisemblable ou encore s'il y a plusieurs fois la même profession, faites d'autres propositions ou tirez une seconde carte ; il vaut mieux viser à la variété et éviter de rencontrer, dans le même immeuble, deux médecins, deux dentistes ou trois étudiants.
Prévoyez quelques « sans profession » mais en précisant : chômeur, retraité, rentier, oisif...

1.5 Le magasin

Le local du rez-de-chaussée droit de l'immeuble est occupé par un commerce ou une petite entreprise.

1 Précisez-en la nature en sachant que votre choix pourra avoir des conséquences importantes sur la vie de l'immeuble.
En effet, *une boulangerie, une épicerie, une librairie, un salon de coiffure*, n'offrent pas les mêmes avantages ou désagréments qu'*un bar-tabac, une agence de voyages, une banque, un magasin d'antiquités* ou encore qu'*une poissonnerie* ou *une imprimerie*.

2 Donnez un nom à la boutique ; par exemple pour :

une boulangerie : *La boule d'or, Aux croissants chauds,*
une librairie : *La joie de lire, Livres anciens, Le mille-feuilles* (pour une librairie-salon de thé),
un salon de coiffure, *Masculin-Féminin, Les ciseaux d'argent, Mario et Antoinette,*
un café : *Au Beaujolais nouveau, Au 421, Aux amis, Chez Fred, Le Narval, Le Jean-Bart.*

3 Dessinez son enseigne en relation avec le nom choisi.

4 C'est la période des vacances d'été ou celle des fêtes de fin d'année.
Décrivez ce que l'on voit dans les vitrines : type d'articles, décoration.

5 Confectionnez des affichettes : Sur la porte, une affichette indique les jours et les heures d'ouverture. D'autres s'adressent aux fournisseurs et représentants, demandant de laisser les animaux domestiques à l'extérieur du magasin, préviennent que les chèques ne sont pas acceptés en-dessous d'une certaine somme ou bien que l'on parle des langues étrangères.
Imaginez et confectionnez en fac-similé ces différentes affichettes.

● **Durée :** 1 heure.
Tout le groupe peut faire cet exercice. On conserve et on archive la meilleure production.

1.6 Téléphone

Huit des quatorze logements ont le téléphone : lesquels ? **Donnez des numéros de huit chiffres** et entraînez-vous à les prononcer.
Exemple : 44.22.10.25 (quarante-quatre ; vingt-deux ; dix ; vingt-cinq).
43.32.24.00 (quarante-trois ; trente-deux ; vingt-quatre ; zéro zéro).
47.28.96.50 (quarante-sept ; vingt-huit ; quatre-vingt-seize ; cinquante).

Les numéros des habitants de l'immeuble :

En vous inspirant du document 1.1, faites un fac-similé de l'annuaire du téléphone correspondant à l'immeuble et tapez les noms à la machine à écrire, par ordre alphabétique. Et n'oubliez pas le magasin !

Chevalier Emile, chirurgien-dentiste, tél. : (1) 44.22.10.25
Delacroix Josette, décoratrice, tél. : (1) 48.20.14.40
Delmas, M. et Mme, tél. : (1) 42.22.35.12[1]

1 Le chiffre 1 entre parenthèses, à composer seulement si on appelle de province, indique que ce sont des numéros de téléphone de la région parisienne.

VOTRE NUMÉRO A 8 CHIFFRES

3 **Vous êtes installé dans** le Val-d'Oise ou les Yvelines, **mettez en tête de votre numéro actuel le 3.**

6 **Vous êtes installé dans** l'Essonne ou la Seine-et-Marne, **mettez en tête de votre numéro actuel le 6.**

4 **Vous êtes installé dans** Paris, les Hauts-de-Seine, la Seine-Saint-Denis ou le Val-de-Marne, **mettez en tête de votre numéro actuel le 4.**

POUR TÉLÉPHONER A L'INTÉRIEUR DE PARIS/RÉGION PARISIENNE :

Vous ferez le numéro à 8 chiffres de votre correspondant.

Par exemple :

45 64 22 22
39 51 95 36
60 63 39 72

POUR TÉLÉPHONER EN PROVINCE :

Vous ferez d'abord le 16, puis le numéro à 8 chiffres de votre correspondant.

Par exemple :

16 ↝ 38 41 21 00

POUR VOUS APPELER DE PROVINCE :

Votre correspondant devra composer le 16, puis le 1, code d'accès à Paris/Région Parisienne, puis votre numéro à 8 chiffres.

Par exemple :

16 ↝ (1) 45 64 22 22
16 ↝ (1) 39 51 95 36
16 ↝ (1) 60 63 39 72

POUR VOUS APPELER DE L'ÉTRANGER :

Votre correspondant devra composer le préfixe d'accès à l'international, puis le 33, puis le 1, code d'accès à Paris/Région Parisienne, puis les 8 chiffres de votre numéro.
Dès maintenant, indiquez le code d'accès à vos correspondants.

Après le 25 octobre, si vos correspondants étrangers omettent le code 1 avant votre numéro de 8 chiffres, ils obtiendront un correspondant en Province.

1.7 Les jeux du téléphone

Appels téléphoniques

Faites autant de papiers que de participants. Sur huit de ces papiers, écrivez les numéros de téléphone respectifs des habitants de l'immeuble. Pliez les petits papiers. Rassemblez-les. Battez-les, puis tirez-en chacun un. Huit d'entre vous ont un numéro. Gardez-vous bien de le dire pour l'instant, pour conserver le suspense.

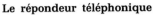

1 Conversations téléphoniques.
Un élève appelle un numéro et prononce distinctement le numéro demandé et le nom de son correspondant.
Allô, le 48.20.14.40 ? Je suis bien chez Mme Delacroix ?
L'élève qui a le numéro demandé répond alors :
Oui, vous êtes bien au 48.20.14.40. C'est Mme Delacroix à l'appareil ;
ou :
Oui, mais Mme Delacroix est absente momentanément. C'est son mari à l'appareil...
On peut alors poursuivre quelques minutes l'entretien téléphonique ou passer à la suite, l'élève-Mme Delacroix appelant à son tour un numéro et ainsi de suite.

2 L'erreur ou le faux numéro sont possibles.
Allô, le 48.20.15.40 ? Je voudrais parler à Mme Rofeuille...
Ah non, vous faites erreur. Ici le 48.20.14.40. Vous êtes chez Mme Delacroix...
Recherchez des numéros faciles à confondre (ex. : 83.00.80.12, 83.00.20.12) et **jouez** la scène du faux numéro ou de l'erreur.

Le répondeur téléphonique

Un habitant de l'immeuble a fait installer un *répondeur téléphonique.* Ce répondeur donne en *quinze secondes* des renseignements et des instructions aux personnes qui téléphonent pendant son absence et qui désirent *laisser un message.*

1 Préparez le texte qui est répété par le *répondeur.*

2 Enregistrez-le sur un magnétophone ou un lecteur de cassettes. Attention ! Les instructions du répondeur ne doivent pas dépasser *quinze secondes.*

3 Exercez-vous maintenant **à laisser des messages,** en *respectant* le temps prévu pour cela (une minute à partir du signal sonore).

● **Conseils :** les répondeurs ne disent pas tous la même chose. Certains sont « cordiaux » et « personnels » :
Bonjour, je suis X, excusez-moi mais je suis absent.
D'autres sont anonymes et impersonnels :
Vous êtes en communication avec le répondeur de M. X.
ou professionnels :
Ici le cabinet du Docteur Z, ...

À vous de choisir en tenant compte de la profession et du caractère de la personne de l'immeuble qui a fait installer ce répondeur : les répondeurs d'un médecin, d'un commerçant, d'un journaliste ou d'un simple particulier sont forcément différents.

1.8 Véhicules

Dis-moi quelle est ta voiture et je te dirai qui tu es...

Attribuez aux habitants de l'immeuble les véhicules suivants :
2 petites voitures du genre Austin Mini, R4, 2CV, Citroën Visa, Honda...
4 voitures familiales de série (de 6 à 15 chevaux),
1 voiture de sport voyante,
1 camionnette,
2 grosses motos,
2 vélomoteurs,
3 bicyclettes d'adulte dont un vélo de course,
4 vélos d'enfants,
2 poussettes,
1 landau,
1 fauteuil d'infirme.

1 A qui appartiennent-ils ? Qui les conduit ? De quelle manière ?

2 Décrivez-les : sont-ils neufs, d'occasion ? entretenus ou non ? Quel est leur état ? leur kilométrage ? leur couleur ? leur marque ? leur immatriculation ? leur décoration ? Y a-t-il des accessoires, des autocollants ? etc.

3 Un des habitants de l'immeuble vend son véhicule. **Rédigez la petite annonce** qu'il va afficher dans l'entrée de l'immeuble et sur la porte du magasin.
N'oubliez pas d'indiquer la marque, la puissance et l'état du véhicule, le kilométrage, le prix (ferme ou à débattre) et les coordonnées du vendeur.

● **Durée** de l'exercice : 1 heure.

L'attribution des véhicules peut se faire collectivement à partir d'un débat-négociation ou bien par le fait du hasard en tirant pour chaque carte-personnage une carte-véhicule.

● **Attention :**
Il y a trente habitants pour vingt-trois véhicules et une personne peut ne pas en avoir ou au contraire en posséder plusieurs.

2

DÉCORATION

2.1 Statues et ornements

1 L'entrée de l'immeuble.
Cet immeuble a été décoré par l'architecte : l'entrée est entourée de colonnes surmontées de statues. Que représentent-elles ? Il y a sur la façade ou sur un mur un *motif*, un *dessin*, une *fresque*, un *bas-relief*. Est-il réaliste ou abstrait ? Représentez-le par un dessin puis faites-en une description écrite.

2 Le premier étage.
Il y a au premier étage quelques *sculptures allégoriques, bas-reliefs...* Décrivez-les.

Inspirez-vous de l'architecture ornementale que vous connaissez : *lignes et formes droites, compliquées, géométriques, décoration célébrant les arts, les saisons, la nature, la vertu, le travail...*

Si vous aimez dessiner, représentez certains de ces motifs.

3 Côté cour et côté jardin.
Qu'est-ce qu'il y a en face, à côté ou derrière l'immeuble ?
Un autre immeuble, une usine, des jardins, des terrains de tennis, une route, une autoroute...

Est-ce qu'il y a *des plantes vertes* dans l'immeuble ? Si oui, sont-elles dans l'entrée ? Dans l'escalier ? Dans les appartements ? Aux fenêtres ? Devant l'immeuble ? Quelles sont ces plantes ?

● Tous ces exercices peuvent déboucher sur la production de textes et dessins.
Toutefois, pour déterminer l'environnement de l'immeuble, vous pouvez utiliser la méthode des cartes : chacun fait un schéma sur une carte. On compare ensuite et on se met d'accord.

2.2 Collages : les personnages

1 Vous commencez à connaître les habitants de l'immeuble. Pour mieux les imaginer, prenez un paquet de vieilles revues et **découpez** dans des photographies d'actualité ou dans des publicités les visages correspondant le mieux, selon vous, à ces habitants.

Dans votre choix, évitez les personnages qui sont trop typés ou trop connus, les uniformes, des vedettes du spectacle ou des personnalités politiques.

Préférez les photos de personnages «ordinaires», en noir et blanc, pas trop grandes mais où l'on distingue bien le visage : ce sont les plus intéressantes. Vous pouvez ensuite les photocopier.

2 **Découpez** le contour des personnages et collez-les sur du papier blanc **en les groupant par appartement,** ou par étage, et en indiquant pour chacun d'eux les renseignements éventuels : *nom, prénom, date et lieu de naissance, profession.* S'il y a plusieurs propositions pour le même personnage, décidez par vote du choix de la photo.

2.3 La grande affiche

Un côté de l'immeuble est un mur aveugle sans fenêtres, sur lequel a été apposé un grand panneau publicitaire.

1 Déterminez le style de l'affiche :
ancienne : *publicité pour une marque d'apéritif, de machine à coudre, de cirage,*
moderne : *publicité pour un film, une marque de voiture, une lessive, etc.,*
imaginaire.

2 Dessinez l'affiche.

● **Durée** de l'exercice : 1 heure.
La détermination du style et du contenu de l'affiche peut se faire collectivement, le dessin individuellement. On conserve en archives celui jugé le meilleur.
On peut également composer des slogans publicitaires en faisant porter l'accent sur des moyens simples :
l'interrogation : *Qui a tué Harry ? Comment réussir en affaires ?*
l'exclamation : *Halte à la vie chère !*
la recommandation : *Habillez-vous chez... Courez vite chez... ! Voyagez avec...*

2.4 Description d'une pièce

Choisissez une pièce du quatrième étage, ou la chambre à coucher d'un des appartements. La ou les personnes qui y habitent sont absentes ; **décrivez cette pièce ;** indiquez comment elle est meublée, rangée. Les meubles, l'impression générale et peut-être certains détails (objets, photographies...) donnent une idée du caractère et du genre de vie de la personne qui habite cette pièce. Utilisez le tableau 2.4.

TABLEAU 2.4
Des mots pour décrire

Vous pouvez :

indiquer ce qu'il y a :
par terre, sur le sol, au plafond, sur les murs, aux fenêtres, sur les meubles...

indiquer si cette pièce est :
grande, petite, claire, confortable, simple, gaie, propre, coquette, bien rangée, en désordre, triste, sombre, sale...

indiquer la place des meubles et des objets :
sur, sous, dans, au-dessous (de), au-dessus (de), devant, derrière, à gauche (de), à droite (de), au milieu (de), à côté (de), contre, près de, dans l'angle (de), dans le coin (de), entre...

indiquer la matière des meubles et des objets :
en bois, en verre, en papier, en soie, en velours, en acier, en fer, en argent...

indiquer s'ils sont :
neufs, vieux, anciens, modernes, *rustiques, simples, luxueux, prétentieux, élégants, hideux, fonctionnels...*

préciser leur forme :
rond, ovale, carré, rectangulaire, long, large, massif...

Pour les verbes, il suffit d'utiliser :
il y a, on voit, on aperçoit, on distingue, on remarque, se trouver, être posé (sur), accroché (à), suspendu (à), tapissé (de), couvert (de), recouvert (de), collé (sur), décoré (de)...

Enfin n'oubliez pas qu'un élément *absent* peut être aussi intéressant qu'un élément présent.
Par exemple : *dans la chambre de X il n'y a pas de lit* ou *il n'y a ni... ni...* ou *il n'y a aucun meuble.*

3
FAC-SIMILÉS

3.1 Graffiti

Certains enfants, et même certains adultes, ont écrit des *graffiti* sur les murs de l'immeuble, dans l'entrée et dans l'escalier. Le gardien n'aime pas cela car il doit les effacer. **Imaginez ces graffiti** qui peuvent être naïfs, personnels, politiques, grossiers, poétiques, etc. Vous pouvez utiliser le tableau 3.5. **Faites les fac-similés des dix meilleurs.**

TABLEAU 3.5
Petit inventaire des graffiti

Un graffiti (mot invariable, pluriel : *des graffiti*) est une inscription tracée sur un mur, au feutre, au stylo, à la craie, avec un morceau de charbon ou même à la peinture.
Un enfant écrit son nom, un autre *Marie est bête*, un troisième *A bas l'école*, un passant *Vive moi !*: ce sont des *graffiti*.

ALLEZ PARIS

Carmen je t'aime

Un graffiti peut être :

un mot ou un nom :
Marie, Liberté

un message :
Marie je t'aime,
Tous le 10 mars au bois de Boulogne.

une affirmation :
Paul aime Marie,
ce qui peut être représenté par :

Paul est + adjectif
Le gardien est un + nom.
Madame X est une...
Les... sont des...

une inscription pour quelqu'un ou quelque chose :
Oui à X,
Bravo X,
Vive X,
X au pouvoir,
X président !
Allez les verts.

une inscription contre quelqu'un ou quelque chose :
Non à X,
À bas X,
X au vestiaire, au placard, à la porte...

LA FRANCE AUX FRANÇAIS DE TOUTES LES COULEURS

un slogan :
Le .....isme vaincra !
Le ....isme ne passera pas !
Les Auvergnats en Auvergne !
L'Auvergne aux Auvergnats !
Les martiens dehors !

une équivalence :
Amour = Toujours.

un conseil :
Mangez de la salade,
Faites l'amour pas la guerre.

une revendication :
Du pain !
La semaine de 35 heures.

une prédiction :
Bientôt la fin du monde.

JIMI HENDRIX

une citation :
Français encore un effort pour être républicains (Sade).

un proverbe ou une maxime :
Qui a bu, boira.
Un A sans B est un C sans D.
(Trouvez des mots pour remplacer A, B, C et D.)

un mot d'esprit :
Merde à celui qui le lira.

martiens dehors!

● **N'oubliez pas** qu'un graffiti trop souvent recopié est banal ; inventez-en de nouveaux.

3.2 Avis, pancartes, règlements

Un immeuble est un lieu où se trouvent différents textes d'une façon permanente ou occasionnelle. **Imaginez et confectionnez les fac-similés** des avis, notes, pancartes ou règlements divers formulant des demandes, des conseils, des consignes ou des interdictions, en vous aidant du tableau 3.6.

Ceux-ci peuvent être fermes ou polis suivant le climat régnant entre les différents habitants et le ou la concierge. Par exemple :
Essuyez vos pieds
est différent de
Nous vous prions de bien vouloir essuyer vos pieds. Merci.

TABLEAU 3.6
Avis, pancartes, règlements

Matériel à utiliser
Il est formellement, strictement interdit de...
Défense absolue de...
Prière de ne pas, prière de bien vouloir...
Soyez assez aimable pour...
Ne pas + verbe + lieu et temps
Veuillez prendre note que...
Vous êtes informés de...
Avis de...
Nous informons locataires et propriétaires que...

INSTRUCTIONS

CES INSTRUCTIONS DOIVENT ETRE RIGOUREUSE-MENT SUIVIES. LEUR INOBSERVATION ENTRAINERAIT LA RESPONSABILITE DES PERSONNES QUI NE S'Y CONFORMERAIENT PAS.

L'usage de l'ascenseur est interdit aux enfants non accompagnés.

APRES ETRE ENTRE, s'assurer de la fermeture des portes.

LES PORTES, ETANT FERMEES, appuyer sur le bouton de l'étage désiré.

PENDANT LA MARCHE, ne pas toucher aux portes. Si la cabine est sans porte (ascenseur à paroi continue), se tenir éloigné de cette paroi. Attendre l'arrêt complet.

APRES ETRE SORTI, s'assurer que les portes sont bien refermées.

Situations permanentes
L'accès de l'immeuble est interdit aux chiens, chats, quêteurs, représentants...
La porte a une fermeture automatique, doit être fermée doucement...
Le bruit après 22 heures...
Le dépôt des ordures ménagères...
Le stationnement des véhicules...
Essuyez vos pieds...
En cas d'incendie...

ON EST PRIÉ DE
NE PAS JETER DE NOURRITURE PAR LES FENÊTRES
ET DE
NE PAS CRACHER SUR LES VITRES DES VOISINS.

LE GARDIEN.

Situations occasionnelles
Pour dire qu'on va couper l'eau, le gaz, le chauffage...
Pour annoncer que le plombier, l'électricien, les employés de la mairie vont venir inspecter ou réparer les installations électriques, les canalisations d'eau ou de gaz...
Pour prévenir que les vieux papiers et objets seront ramassés tel jour.
Pour avertir les habitants de l'absence (maladie) de la concierge ou gardienne.
Pour demander que les clés des appartements soient laissées à la loge pour faciliter certains travaux d'entretien (ramonage de cheminées, nettoyage des vide-ordures, etc.).

3.3 Petites annonces

Certains habitants ont affiché dans l'entrée de l'immeuble des *petites annonces*, format carte postale, écrites à la main, pour proposer ou demander services, échanges, objets...

Faites une dizaine de fac-similés; vous pouvez utiliser le tableau 3.7 et le document 3.4.

TABLEAU 3.7
Échanges, services et bonnes affaires

Annonceurs :
dame, jeune fille, professeur, infirmier(e), étudiant(e), veuve, mère de famille, monsieur...

Précisions :
écossais, sérieux, diplômé, retraité, cinquante ans...

Verbes :
donne, vend, loue, achète, cherche, recherche, échange (A contre B)...

Ce qu'on propose ou ce qu'on cherche :
leçon de..., meubles, instruments, appareils, vêtements, articles de sport, voiture, disques, objets de collection, chiens, chats, chambres, appartements...

Précisions sur les objets, prix :
300 francs, prix intéressant, modéré, à débattre, récompense, bon état, usagé, état neuf...

Où, à qui ? :
s'adresser, téléphoner à M., Mme X, numéro de téléphone, le matin, après 18 heures, aux heures des repas, le samedi.

DOCUMENT 3.4
Petites annonces

URGENT

VEND CITROËN VISA
65000 km. - Très bon état.
Prix à débattre.
CONTACTER M. DURAND
au rez-de chaussée, porte gauche

COLONEL RETRAITÉ VEND SABRE,
BOTTES ET DÉCORATIONS. ÉTAT NEUF.
S'ADRESSER À M. DE LA RAPIÈRE
APRÈS 19 h. 2e étage gauche.

Paiement après résultats
« « « Monsieur Mohamadou DOBAKE » » »
Célèbre marabout médium miraculeux
Récemment arrivé en France, spécialiste dans les travaux occultes, grâce à son don et son expérience, il résoudra vos problèmes dans tous les domaines : amour...affection retrouvée, fidélité entre époux, travail, réussite aux examens, protection contre les ennemis, désenvoûtement, attraction de clientèle pour vendeur, complexe physique et moral.
Héritier des dons de son grand-père et de son père, 40 ans d'expérience.
« RÉSULTATS GARANTIS »
Reçoit tous les jours de 9 h à 20 h
345, rue de Crimée 75019 PARIS
7e étage au fond du couloir 4e porte à droite
Tél. 49.12.23.50
Métro : Laumière

Petite fille très triste recherche
Fifi, chat siamois tatoué sur
l'oreille gauche, perdu la semaine
dernière.
S'adresser à Mme Minet
3e étage, après 18 h.

3.4 Faire-part : naissances, mariages, décès

Dans les grandes occasions de la vie, il est de tradition d'écrire ou de faire imprimer des faire-part pour ses proches et ses amis et d'en informer ses voisins par affichage dans l'escalier.

Imaginez dans un premier temps **le texte de ces annonces** puis **confectionnez-en** les fac-similés.

Nathalie a la joie
de vous annoncer la naissance
de sa petite sœur

Sandrine
le 11 Janvier 1982

Monsieur et Madame Gauthier   Monsieur et Madame Manin

sont heureux de vous faire part du mariage de leurs enfants

Brigitte et Christophe

et vous prient d'assister à la messe qui sera

célébrée le Samedi 25 Janvier 1986, à 15 h 30,

en l'Église Notre-Dame (Place du Vieux-Marché à Poitiers).

25, rue de la Paix, 86000 Poitiers
82, rue Molière, 87000 Limoges

✝

Madame Jacques MARTIN ;
Antoine et Claire MARTIN ;
Monsieur et Madame Joseph DURAND et leurs enfants ;
Et toute la famille,

Ont la douleur de vous faire part de la perte cruelle qu'ils viennent d'éprouver en la personne de

Monsieur Jacques MARTIN

leur époux, père, gendre, frère, beau-frère, oncle et cousin, pieusement décédé le 14 novembre 1985, à Paris, dans sa 69e année.

Priez pour Lui !

La Cérémonie religieuse sera célébrée le **Lundi 18 courant,** à **10 heures 30 précises,** en l'Église Saint-Sulpice (Place Saint-Sulpice), sa paroisse.

On se réunira à l'Église

L'inhumation aura lieu ultérieurement dans le Caveau de famille.

69, rue du Cherche-Midi, Paris-6e.

3.5 Messages personnels

Pierre et André sont venus voir Josette ; elle n'était pas là. Annie est passée voir Paul ; il était absent.

Agnès est absente mais a laissé sur sa porte un message pour Max et Véronique qui devaient venir.

Tous ces gens ont laissé sur leur porte, ou sur la porte de la personne qu'ils sont venus voir, un message : professionnel, personnel (affectueux, amical, amoureux)... Ils font leurs salutations, fixent rendez-vous... **Rédigez-les.**

● **Durée** de l'exercice : 30 minutes. Rédaction individuelle.

> Thierry et Jean-Pierre

Tant pis pour le cinéma...
J'ai dû descendre à Toulouse de toute urgence et je n'ai pas réussi à vous prévenir.
Ce sera pour une prochaine fois.

Grosses bises
Anne

Salut Véronique !

J'étais dans ton quartier et je suis passée te voir.
Je te téléphonerai.
Catherine B.

P.S. J'ai du mal avec mon problème de maths. Et toi ?

Je suis partie chercher du pain.
Je reviens dans 5 minutes.
Valérie

Nathalie,

J'ai vraiment besoin de te voir.
Pourquoi n'es-tu jamais là ?
Je t'aime à en devenir fou !

Patrick

M. et Mme Marc DUPUY

Nous sommes passés prendre rendez-vous avec le Docteur Lacoste, le lundi matin nous arrangerait.
Est-ce possible ?
Nous repassons demain.

4

JEUX DE RÔLES

1 Rapports personnels, relations familiales

2 Rapports entre voisins

3 Rencontres dans l'escalier

4 Parler de la pluie et du beau temps

5 Ça va ?

6 Petits services

7 Potins

8 Enquête

9 Conversations téléphoniques

10 La voyante

11 Recettes de cuisine

Conseils pour les jeux de rôles

Les jeux de rôles sont des petites scènes à deux ou trois personnages qu'on va jouer en prenant les rôles des habitants de l'immeuble, que l'on connaît bien maintenant ; ces scènes sont donc faciles à improviser.

Pour mieux préparer ces jeux, vous allez d'abord faire les exercices 4.1 et 4.2 qui vont nous renseigner davantage sur les relations entre les personnages.

Les exercices 4.3 à 4.11 vous proposent des idées de conversations, de dialogues et de scènes à jouer.

Voici quelques conseils pour les préparer :

— précisez toujours le lieu, le moment de la journée et les personnages ;

— si vous avez peur d'improviser complètement, entendez-vous d'abord sur la façon dont va se dérouler la conversation : accord, désaccord, dispute, etc.

— préparez quelques éléments de décor : ne jouez pas ces scènes en restant assis derrière vos tables ;

— pensez à certaines formules ou à certains arguments que vous utiliserez ;

— ne préparez pas un texte écrit, ni surtout appris par cœur ; même s'il y a quelques hésitations ou quelques fautes, une scène partiellement improvisée est plus amusante, plus naturelle, plus vraie ;

— quand vous aurez pris confiance, improvisez les scènes avec un temps très court de préparation (une ou deux minutes) ;

— si vous disposez d'un magnétophone ou d'un magnétoscope, enregistrez la scène. Vous pourrez ainsi conserver et, si vous le désirez, transcrire les scènes les plus réussies de ce petit théâtre ;

— vous pouvez aussi bien jouer les mêmes personnages dans des scènes différentes qu'en changer. À vous de décider. Il est néanmoins préférable d'en changer.

Les jeux de rôles 4.3 à 4.7 sont très simples et peuvent être improvisés en peu de temps ; les jeux 4.8 à 4.11 demandent davantage de préparation.

● **Conseils d'organisation**

Ces scènes se préparent et se jouent par **groupes de deux.** On peut aussi les improviser en notant sur des petits papiers qui seront tirés au hasard :
— les noms des personnes qui vont se rencontrer,
— l'objet de la demande de nouvelles (par exemple *les rhumatismes de Mme X ; les enfants de Mme R qui ont la rougeole ; la voiture de M. Z qui a été volée...*).

La **durée** de la conversation : trente secondes, une ou deux minutes. L'équipe qui tire un sujet doit faire durer la conversation le temps indiqué sur la fiche, c'est-à-dire raccourcir s'il y a peu de temps, prolonger si c'est plus long.

4.1 Rapports personnels, relations familiales

1 Pour chaque logement où il y a plus d'une personne, récapitulez et **précisez les rapports entre les gens** qui vivent ensemble : *familles, couples, amis, vieux domestiques, gardes-malades...*

2 Indiquez si ces gens s'entendent bien ou mal et, s'ils ne s'entendent pas bien, pourquoi ?
Par exemple : *parents qui ont des problèmes avec leurs enfants, enfants qui ont des problèmes avec leurs parents, couples en difficulté...*

4.2 Rapports entre voisins

DOCUMENT 4.5
Exemple de sociogramme des relations entre les habitants de l'immeuble

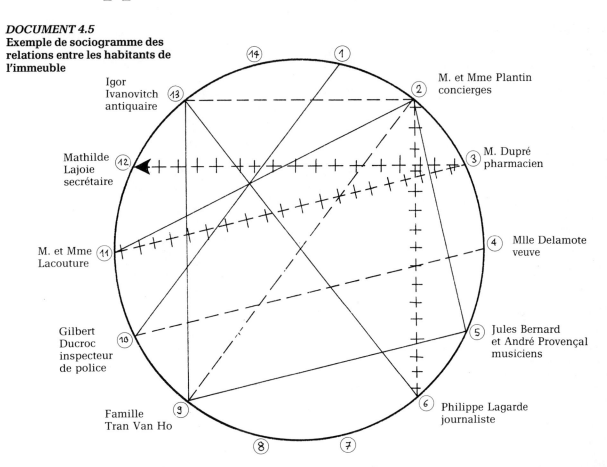

1 Qui connaît qui ? Qui est bien ou mal avec qui ? Qui ne connaît personne ? Qui n'est connu de personne ?

Établissez le réseau des relations entre les habitants de l'immeuble. Quand il y a une relation positive, négative ou nulle, dites **pourquoi.**

Comment faire ? Chacun prend un ou plusieurs personnages, précise avec qui les rapports sont bons, mauvais, neutres ou inexistants, et indique pourquoi.

Exemples :

Mme X aime bien M. Z parce qu'il est cordial, poli et serviable.

M. Y déteste Mme N (la gardienne) parce qu'il croit qu'elle lit son courrier.

Mme N déteste M. P parce qu'il ne dit jamais bonjour.

Les T et les R ont de bons rapports parce que leurs enfants vont à la même école et jouent ensemble.

M. F et M. G ne s'adressent plus la parole depuis qu'ils se sont disputés pour une histoire de stationnement de voitures.

Mlle D est amoureuse de M. F.

M. F est amoureux de Mme G.

Les P et les R ne s'aiment pas parce qu'ils n'ont pas les mêmes opinions politiques.

M. M est très timide et ne connaît personne.

W déteste tout le monde.

2 En vous inspirant du document 4.5, **placez sur un cadran les quatorze logements** en indiquant les noms des habitants.

Indiquez les relations par les lignes suivantes :
++++ pour les bonnes relations,
– – – – pour les mauvaises relations,
―――― pour les relations neutres.
Si les relations sont inexistantes, ne mettez rien.

Si vous faites ce schéma en couleur,

vous pouvez aussi choisir une couleur pour les bonnes relations, une autre pour les mauvaises, une troisième pour les relations neutres.

Vous pouvez aussi indiquer par deux flèches les relations réciproques, par une seule les relations à sens unique. Exemple : *le pharmacien (3) est amoureux de la secrétaire (12) qui ne le sait pas ou s'en moque.*

Quand vous avez mis en commun les propositions :
gardez les propositions qui reviennent plusieurs fois,
mettez-vous d'accord s'il y a des propositions contradictoires.

Quand vous serez d'accord, vous verrez apparaître nettement les sympathies, les antipathies ou l'indifférence des habitants de l'immeuble, ceux qu'on aime bien, ceux qui sont mal vus, ceux qui ont à la fois des amitiés et des antipathies, enfin les personnages solitaires, ceux qui ne connaissent personne et que personne ne connaît.

4.3 Rencontres dans l'escalier

Faites en grand groupe une liste des brèves rencontres qui peuvent avoir lieu dans l'escalier en une journée : *rencontres avec enfants, avec chiens, paquets, fleurs, valises, échelles, instruments de musique, etc.,* ou encore n'importe quel détail qui fait parler : *pansement, canne, vêtement inhabituel.*

Jouez cinq ou six de ces rencontres.

Exemple :

M. X rencontre Mme Z entre le premier et le deuxième étage ; Mme Z porte des paquets ou M. X descend avec une paire de skis.
C'est une situation qui rend possible un petit dialogue tel que :

  « Eh bien, Madame Z vous êtes chargée ! Donnez-moi un paquet, je vais vous aider... »

ou :

  « Bonjour Monsieur X... Vous allez aux sports d'hiver ?
  — Non, je descends mes skis à la cave. »

Un autre exemple :

  « Eh bien, Monsieur R. Qu'est-ce qui vous arrive ?
  — Oh, rien de bien grave. Je me suis simplement cogné la tête dans un placard... »

● **Durée** de l'exercice : 45 minutes.
Ces répliques doivent être accompagnées de salutations, commentaires, excuses, remerciements.
On peut faire jouer la même scène à plusieurs reprises par des élèves différents.

4.4   Parler de la pluie et du beau temps

Pour entretenir la communication, quand on n'a pas envie, ou le temps, de se lancer dans une longue conversation personnelle, philosophique ou politique, le plus simple, dans tous les pays du monde, est de « parler de la pluie et du beau temps » et d'échanger, avec des salutations, un ou deux commentaires sur la météorologie.

1 Faites d'abord en groupe une liste d'expressions concernant le temps et classez-les en rubriques, en vous aidant du tableau 4.8.

2 Jouez une dizaine ou plus de dialogues rapides : trente secondes maximum.

On peut donner comme consigne de ne pas réutiliser les formules déjà employées pour que le jeu devienne plus difficile.

TABLEAU 4.8
Parler de la pluie et du beau temps

Expressions simples et courantes :
Beau temps ! Sale temps ! Quelle chaleur ! Il fait beau aujourd'hui ! Ça se couvre !

Prévisions :
Il va encore pleuvoir, neiger. Ça ne durera pas. On va encore avoir un été pourri. Ça sent l'orage. L'été sera chaud.

Expressions imagées :
Un temps de cochon, de chien, à ne pas mettre un chien dehors ; un froid de canard ; un vent à décorner les bœufs ; une chaleur infernale.

Dictons :
Ma grand-mère disait :
« En avril, ne te découvre pas d'un fil ; en mai, fais ce qu'il te plaît. »
« Noël au balcon, Pâques aux tisons. »
« Une hirondelle ne fait pas le printemps. »

Commentaires plus détaillés :
Il paraît qu'il fait moins quarante dans le Jura.
Si ça continue, on va manquer de...
Avec ce soleil, le beaujolais sera bon cette année !
Les légumes vont encore augmenter.

4.5 Ça va ?

La rencontre est l'occasion d'une demande de nouvelles. Elle peut se limiter à quelques syllabes :

« Ça va ?
— Ça va et vous ?
— Ça va. »

Mais M. X ou Mme Z peuvent montrer leur intérêt pour leurs voisins en demandant des nouvelles plus précises sur leur santé ou celle de leurs proches, les études des enfants ou sur des choses qui les intéressent.

Comment vont vos rhumatismes ?
Vous avez des nouvelles des jeunes mariés ?
Vous n'avez pas retrouvé votre chat ?
Vous êtes content de votre nouvelle voiture ?
Le chauffage marche bien chez vous ?

Jouez à deux ou plusieurs **une dizaine de ces rencontres** en variant les combinaisons possibles :

une personne rencontre une autre personne,
un couple/un couple,
un couple/une personne,
un couple + enfants/couple + enfants,
enfants/enfants...

• **Durée** de l'exercice : 30 à 45 minutes.

On peut proposer de centrer chaque rencontre sur un thème précis : santé, études, animaux, bruit...

conversation
(sur le pas de la porte, avec bonhomie)

Comment ça va sur la terre ?
— Ça va, ça va, ça va bien.

Les petits chiens sont-ils prospères ?
— Mon Dieu oui, merci bien.

Et les nuages ?
— Ça flotte.

Et les volcans ?
— Ça mijote.

Et les fleuves ?
— Ça s'écoule.

Et le temps ?
— Ça se déroule.

Et votre âme ?
— Elle est malade.

Le printemps était trop vert
elle a mangé trop de salade.

JEAN TARDIEU, *Le fleuve caché*, Gallimard.

4.6 Petits services

Vous n'avez pas vu mon chat ?

La brève rencontre peut être l'occasion d'une demande de renseignements. **Faites une liste de questions** susceptibles d'être posées ; puis prenez celles-ci comme point de départ de petites **scènes que vous jouerez.**

Vous n'avez pas vu mon chat ?
Est-ce qu'il y a un bon dentiste dans le quartier ?
Est-ce que vous savez si les magasins sont ouverts demain ?
Vous ne connaissez pas quelqu'un qui pourrait faire quelques heures de ménage chez moi ?
Je cherche une jeune fille pour garder mes enfants. Vous ne connaissez personne que ça intéresserait ?

Jouez une dizaine de scènes de 3 minutes maximum.

Vous n'auriez pas un peu de sel à me prêter ?

Entre voisins, on peut se rendre de petits services.
Jouez cinq ou six dialogues où M. ou Mme X sonne à la porte de M. ou Mme Z pour lui demander :

du sel, un œuf, de la farine, de l'huile, du beurre, du pain, du fil, une aiguille, un bout de ficelle...

un tournevis, une scie, un ouvre-boîte...

la permission de téléphoner, de garder un moment un bébé, des enfants, un animal...

Accompagnez votre demande d'explications et de promesse de restitution. M. ou Mme Z peuvent accepter, trouver une excuse pour dire non ou même refuser.

• **Durée** de l'exercice : 45 à 60 minutes.
Comme pour les jeux de rôle précédents, on peut préparer une liste de services et une liste de personnages et tirer au hasard la scène à jouer. Dans la liste des petits services, on peut ajouter des demandes plus importantes :

M. X demande à Mme ou à M. Z :
de lui prêter mille francs,
de garder ses enfants pendant une semaine,
de prendre un bain chez eux.

C'EST LA MÈR' MICHEL
Cette chanson est à la mode depuis 1820. Mais si les paroles en sont relativement récentes, l'air est plus ancien puisqu'il date du XVIIe siècle.

— 1 —

C'est la mèr' Michel
qui a perdu son chat,
Qui cri' par la fenêtre
à qui le lui rendra.
C'est le pèr' Lustucru
Qui lui a répondu :
« Allez, la mèr' Michel
vot' chat n'est pas perdu ».

Sur l'air du tra la la la
Sur l'air du tra la la la
Sur l'air du tra de ri de ra et tra la la.

— 2 —

C'est la mèr' Michel
qui lui a demandé :
« Mon chat n'est pas perdu!
Vous l'avez donc trouvé? »
Et le pèr' Lustucru
qui lui a répondu :
« Donnez une récompense,
il vous sera rendu ».

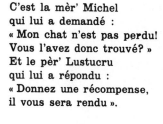

— 3 —

Et la mèr' Michel
lui dit : « c'est décidé! »
Si vous rendez mon chat
vous aurez un baiser ».
Mais le pèr' Lustucru
qui n'en a pas voulu
Lui dit : « Pour un lapin
votre chat est vendu ».

4.7 Potins

Médisances

Médire, dire du mal d'autrui, est un sujet de conversation très riche. En utilisant les indications des exercices 4.1 et 4.2, **imaginez qui peut,** dans l'immeuble, **dire du mal de qui.**

Établissez au préalable une liste de critiques pouvant être formulées contre une personne et classez-les suivant qu'elles portent sur:

son physique:
Il a une drôle de tête, M. Z!

son intelligence:
Mme R est bête comme ses pieds!

sa moralité:
Il n'a aucun scrupule.

sa manière de vivre:
Il mène une drôle de vie, vous savez.

ses relations avec autrui:
Il n'est pas très aimable, il est sans-gêne, prétentieux...

sa tenue:
Vous avez vu comment elle s'habille à son âge?

Jouez ces petites scènes de médisances et lorsqu'elles sont bien engagées, faites intervenir la personne dont on dit du mal.

● **Durée** de l'exercice: 45 minutes.
On peut s'amuser à faire suivre les scènes de médisances par des scènes où l'on fera l'éloge de la personne précédemment critiquée, en conservant les mêmes acteurs.

Vous connaissez le nouveau locataire du troisième?

Parler d'un tiers est un bon sujet de conversation. **Imaginez que deux personnes X et Z parlent d'un nouveau locataire N;** X est curieux et questionne Z qui s'est renseigné.

Les questions pourront porter sur:
la nationalité de N,
ce qu'il fait dans la vie,
sa situation financière et ses moyens d'existence,
sa situation familiale: célibataire, marié, avec ou sans enfants, veuf...
son âge,
où il habitait auparavant...

● **Durée** de l'exercice: 15 à 30 minutes.
On peut dresser collectivement la liste des questions à poser, avant le jeu de rôle.

4.8 Enquête

Un inspecteur de police fait une enquête ; il questionne la gardienne ou un habitant de l'immeuble.

On peut **reprendre les questions** déjà posées pendant l'exercice 4.7 mais d'une façon plus précise.

Depuis quand N habite-t-il l'immeuble ?
Quel est son genre de vie ?
Y a-t-il déjà eu des plaintes contre lui ?
Quelles sont ses allées et venues ? Et ses horaires ?
Est-ce qu'il reçoit des gens ? Quel genre de gens ?
A-t-on rien remarqué de particulier ?

La gardienne peut jouer son rôle de plusieurs manières et adopter une attitude :

réticente :
Elle n'aime pas la police, trouve N sympathique et elle cherche à le protéger.

évasive :
La gardienne considère qu'elle n'est pas là pour « surveiller » les habitants de l'immeuble. Elle ne sait rien ou ne veut rien dire.

coopérative :
La gardienne est ravie d'être pour un moment un personnage important et dit tout ce qu'elle sait à la police et même... ce qu'elle ne sait pas ! Elle en rajoute et charge à l'excès le pauvre N qu'elle n'aime pas : il ne lui dit pas bonjour, il est avare, il a une drôle d'allure...

- **Durée** de l'exercice : 60 minutes.

On peut déterminer collectivement le type de délit dont on soupçonne N :

vol d'une somme d'argent, de documents, d'œuvres d'art, crime ou tentative d'assassinat, trafics en tous genres...

Puis on établit une liste de questions que l'inspecteur posera.

Ce jeu de rôle peut s'improviser à plusieurs reprises sur le même soupçon ou sur des soupçons différents.

Il peut aussi déboucher sur l'écriture d'un scénario, d'un rapport d'enquête de police, de plaidoiries d'accusation et de défense.

4.9 Conversations téléphoniques

Imaginez que tous les habitants de l'immeuble qui ont le téléphone sont en train de téléphoner ou de recevoir un appel.

Déterminez collectivement qui peut appeler qui et pour quelles raisons.

Par exemple :

Mme X reçoit un appel de sa nièce qui lui annonce qu'elle va se marier.

Mme Y reçoit un appel de son fils qui est parti en vacances en voiture ; celui-ci lui annonce qu'il est bien arrivé.

M. Z hésite entre prendre le train ou l'avion. Il téléphone à la gare puis à l'aéroport pour avoir des renseignements sur les prix et les horaires. Une fois son choix fait, il téléphone à une compagnie de taxis.

M. D téléphone aux commerçants de son quartier pour leur passer des commandes et se faire livrer.

Mme H téléphone à un plombier parce que son évier est bouché.

M. T appelle le médecin de famille parce que sa fille est malade.

Mme R reçoit un coup de téléphone de son mari qui lui dit qu'il rentre tard ou qu'il ne rentre pas dîner.

M. N téléphone à l'administration des P.T.T. pour contester le montant de sa facture de téléphone.

Mme G reçoit un coup de téléphone anonyme. Elle prend peur, appelle une amie, laquelle lui conseille de téléphoner au commissariat de police.

Le téléphone sonne chez les S. C'est un appel d'un institut de sondage d'opinion concernant les hommes politiques, l'économie, la marque de savon que les S utilisent ou l'émission qu'ils sont en train de regarder à la télé.

Imaginez d'autres situations et jouez-les.

● **Durée** de l'exercice : « n » fois 3 à 4 minutes.
Il est recommandé de mettre les correspondants dans des situations proches de la réalité en utilisant des téléphones et en faisant en sorte que les correspondants ne se voient pas.

Blagues au téléphone

Des adolescents de l'immeuble s'amusent à faire des blagues au téléphone.

Par exemple :
Ils appellent M. X pour lui dire qu'il est le gagnant d'un concours publicitaire.
Ils appellent M. Z pour lui poser des questions stupides en lui faisant croire qu'il s'agit d'une enquête d'un institut de sondage d'opinion : « Est-ce que vous mettez un pyjama pour dormir la nuit ? ».
Ils appellent M. R en lui faisant croire qu'il est invité à dîner par le président de la République.
Ils se font passer pour un inspecteur des impôts, un jury littéraire...

Imaginez des blagues qui puissent « marcher » puis jouez-les.

La personne appelée au téléphone peut :
tomber dans le piège et croire les farceurs,
les reconnaître et se mettre en colère,
faire semblant de les croire et se moquer d'eux.

4.10 La voyante

Une des habitantes de l'immeuble sait lire l'avenir ou tirer les cartes ; un(e) voisin(e) vient la consulter. **Jouez la scène.**

La voyante prédit l'avenir :
en lisant les cartes (tarots),
dans le marc de café, dans du plomb fondu,
en observant les étoiles,
dans les lignes de la main,
dans une boule de cristal...

La voyante fait des observations perspicaces sur le passé de son voisin :
vous êtes très généreux,
vous avez fait ceci ou cela,
quelqu'un vous veut du mal...

Puis elle lui prédit l'avenir en matière de :

santé :
Vous aurez un accident, une maladie mais vous vous en tirerez.

argent :
Vous allez recevoir un héritage, un rappel d'impôts.

voyages, rencontres :
Je vois un voyage à l'étranger.

profession :
Je vois une proposition professionnelle intéressante.

amour, amitiés :
Votre meilleure amie vous causera des soucis.

vie familiale :
Vous aurez trois enfants : deux filles et un garçon.

Elle lui donne enfin des conseils :
faites ceci et non pas cela,
évitez de vous surmener,
supprimez l'alcool et la cigarette,
méfiez-vous d'une femme blonde...

4.11 Recettes de cuisine

Leçon de cuisine entre voisines : Mme X explique à Mme Z comment faire un plat, une sauce, un dessert : *Les œufs à la neige, mais c'est très facile, vous prenez...*

Jouez la scène.

Imaginez un des étrangers de l'immeuble expliquant une recette de son pays.

Écrivez ces recettes.

Inventez des recettes imaginaires : recettes magiques ou recettes de sorcières.

Faites des recettes « pastiches », par exemple la recette pour faire un bon gouvernement, une réforme, un Français moyen.

Vous pouvez utiliser le tableau 4.9 et le document 4.6. Consultez également des menus et des livres de cuisine.

DOCUMENT 4.6
Recette de cuisine

Faites confiance à votre thermostat, n'ouvrez pas la porte du four pendant la cuisson.

TARTE DES DEMOISELLES TATIN
OU TARTE RETOURNÉE

Pour 4 ou 6, il faut :

1 kg de pommes moyennes
40 g de beurre
80 g de sucre en poudre

Pâte feuilletée ou pâte brisée toute préparée : 200 g environ.

Temps de préparation et cuisson : 1 heure.

1 - Dans un moule à soufflé en verre à feu (20 cm de diamètre), mettez beurre et sucre. Épluchez les pommes et coupez-les en deux. Disposez-les debout, bien serrées dans le moule. Faites chauffer à ALLURE MOYENNE ⦿ Dès que le beurre est fondu, passez à ALLURE FORTE ⦿ jusqu'à ce que le sucre soit transformé en caramel blond. COUPEZ LE COURANT ◯ Laissez refroidir le tout hors de la plaque.

2 - Préparez le four : GRILLE À MI-HAUTEUR ▤ THERMOSTAT TRÈS CHAUD, ALLURE DE PRÉCHAUFFAGE OU DE CUISSON ⦿

3 - Étalez la pâte à 2 ou 3 mm d'épaisseur. Étendez-la sur le moule pour recouvrir les pommes. Dès que le four est à la température voulue, enfournez. N'oubliez pas de passer à l'allure de cuisson si vous avez utilisé l'allure de préchauffage ⦿ Faites cuire 20 à 25 minutes. COUPEZ LE COURANT ◯ quelques minutes avant la fin. Laissez reposer 5 minutes hors du four, puis démoulez en retournant sur le plat de service car les pommes doivent se retrouver sur le dessus.

TABLEAU 4.9
La recette des recettes

Pour écrire une recette, il faut indiquer :

les ingrédients et les quantités :
du, de la
un peu de..., quelques, trois, six, une douzaine de, 50 grammes de, une livre, un kilo, un décilitre, un litre...
mais aussi :
un morceau de, une cuillerée de..., un verre de..., une tranche de..., une feuille, un brin de...

les manipulations :
tourner, couvrir, passer, arroser, écumer, larder, farcir, garnir de..., saler, poivrer, assaisonner...

les temps de cuisson et l'ordre des manipulations :
dix minutes, une heure, pendant..., encore..., d'abord, ensuite, après, de temps en temps, souvent, quelques instants, au dernier moment, au moment de servir...

ce qu'il faut faire :
il faut, on doit, il est indispensable de, il est recommandé de..., ne pas oublier de..., on peut..., si on veut..., éventuellement...

le mode de préparation :
rouler, couper en morceaux, éplucher, hacher, râper, mettre...

les ustensiles :
casserole, marmite, poêle, cocotte, plat...

le mode de cuisson :
faire cuire, rôtir, bouillir, frire,
mais aussi :
rissoler, dorer, revenir, sauter, gratiner, mijoter...
à petit feu, à feu vif, doux, moyen, modéré, au four, à l'étuvée, au court-bouillon, au bain-marie, à la vapeur, à la broche, au gril, au feu de bois...

comment on la sert :
servir avec, sur..., décorer de...

enfin le nom du plat :
au champagne, à la crème, à l'italienne, à la provençale, à la Du Barry...

5

ROMANESQUE

5.1 Portraits

En reprenant les productions des exercices 2.2 (photographies et collages), **faites le portrait** de cinq ou six personnages ou de tous si vous avez le temps.

Décrivez :
leur apparence physique et leur visage,
leur habillement habituel,
leur allure générale et l'impression qu'ils donnent,
leurs goûts et leurs habitudes.

Ajoutez éventuellement un ou deux détails particuliers et certaines caractéristiques de leur comportement. Vous pouvez vous aider du tableau 5.10.

Il peut être intéressant que tout le monde travaille sur le même personnage : on fait alors un portrait collectif en comparant les productions individuelles et en retenant les indications qui apparaissent le plus souvent pour l'aspect général : *gros, mince, beau, laid...*
et certains détails que l'on trouve intéressants, même s'ils ne sont proposés que par un seul participant ; par exemple : *marche avec une canne, porte une boucle d'oreille verte à l'oreille gauche...*

TABLEAU 5.10
Matrice de portraits

Sexe :
homme, femme.

Dénomination sociale :
monsieur, jeune homme, garçon, madame, dame, mademoiselle, demoiselle, jeune fille, fille.

Physique : il/elle est :
gros(se)/maigre
grand(e)/petit(e)
vieux (vieille)/jeune
joli(e), beau, bel (belle).

Visage : yeux, cheveux, poils, couleur de peau.
yeux bleus, noirs, verts, marron, enfoncés, globuleux,
blond(e)/brun(e)
châtain, roux (rousse)
chauve/chevelu(e)
moustachu(e), barbu(e)
pâle/bronzé, noir, sanguin, congestionné.

Apparence : il/elle a l'air :
sportif(ve)/mou(molle)
bohème/strict(e)
jovial(e)/grognon
gentil(le)/renfrogné(e)
dynamique/fatigué(e)
de bonne/mauvaise humeur
réservé(e), méfiant(e)
timide, très bien/mal élevé(e)
digne, de fière allure
fuyant, mal/bien dans sa peau, sournois, malin, malsain.

Vêtements : il/elle est souvent, toujours habillé(e) de :
une veste de velours vert,
un imperméable noir,
un tailleur en tweed,
un vieux pardessus élimé,
un costume gris,
jeans rapiécés.

Accessoires : il/elle porte habituellement :
un chapeau de paille,
un béret basque,
un chapeau mou,
un foulard de soie,
un parapluie rouge,
une écharpe blanche,
de grosses lunettes noires,
plusieurs décorations,
un petit diamant dans la narine gauche.

Comportement : il/elle :
boite, marche avec une canne,
fume la pipe,
se promène avec un chien,
dit toujours bonjour/détourne la tête,
baisse les yeux quand on le (la) rencontre,
tremble de tous ses membres,
chante dans l'escalier,
siffle dans la rue.

Habitudes : il/elle :
joue tous les mercredis au tiercé/loto,
aime beaucoup les animaux et fait partie de la S.P.A. (Société Protectrice des Animaux),
est un(e) mordu(e) de la moto, de la planche à roulettes, des promenades sous la pluie.

Appréciation globale : il/elle me donne l'impression d'être :
un sale type,
quelqu'un de bien, de sympathique/ d'antipathique,
une personne peu recommandable/à qui on peut se fier, en qui on peut avoir confiance,
une personne que j'aimerais connaître.

5.2 Biographies : les Français

Rédigez en une ou deux pages la biographie d'au moins cinq habitants de l'immeuble, de tous si vous avez le temps.

Vous pouvez vous inspirer des débuts de biographies du document 5.7, ainsi que du tableau 5.11. Le plus simple est d'écrire cette biographie au présent.

- **Durée** de l'exercice : 45 minutes.

L'écriture de ces biographies peut se faire par groupes de deux, chaque groupe imaginant la vie d'un habitant. Puis on met en commun les productions, on les remanie et on les conserve dans un fichier.

Un conseil : ne cherchez pas à faire systématiquement des vies exceptionnelles ; une vie ordinaire peut être aussi intéressante.

DOCUMENT 5.7

En vous inspirant de ces débuts de biographies, riches en anecdotes, composez la biographie imaginaire d'un homme de lettres ou d'une célébrité.

HERBART Pierre (1903-1974). Né à Dunkerque, Herbart monte à Paris vers 18 ans et fréquente surtout Pigalle. Plus tard il rencontre Cocteau dont il est proche à plus d'un titre, et Gide qui l'encourage à écrire.

FOURIER François-Marie-Charles (1772-1837). Ce fils d'un marchand de draps, employé à Lyon et Rouen, réalise sa fortune et achète à Lyon une épicerie. Mais l'année 1793 n'est guère favorable et Fourier, ruiné, craignant pour sa vie même, est incorporé dans l'armée, réformé pour raison de santé et travaille comme commis marchand dans la vallée du Rhône.

DURAS Marguerite M. Donadieu, dite (née en 1914). Fille d'instituteurs, elle naît en Indochine en 1914 et y passe enfance et adolescence. En 1932, elle quitte définitivement l'Indochine, vient à Paris, où elle fait des études de mathématiques, prépare une licence de droit et l'École des sciences politiques. Elle travaille au ministère des Colonies, participe à des travaux d'édition, entre dans la Résistance pendant la guerre. En 1943, elle publie un roman, *Les Impudents*, s'inscrit au parti communiste en 1945.

GENET Jean (né en 1910). Né en 1910, enfant de l'Assistance publique, il devient un paria et connaît le vol, la prostitution, l'homosexualité, la pègre et la prison.

HEMON Louis (1880-1913). Né à Brest en 1880, il abandonne après la mort de sa femme ses études et sa famille pour vagabonder en Angleterre pendant 8 ans. Il s'établit ensuite au Canada et mène quelque temps la vie des bûcherons.

BARJAVEL René (né en 1911). Fils de boulanger, il poursuit ses études jusqu'au baccalauréat puis exerce divers métiers (répétiteur, démarcheur, etc.); il entre ensuite dans le journalisme.

BACHELARD Gaston (1884-1962). Bachelard naît dans l'Aude en 1884. Ce fils d'un cordonnier obtient une licence de mathématiques tout en travaillant aux P.T.T. comme surnuméraire, puis comme commis. Marié, rapidement veuf, il élève seul sa fille. Professeur de physique-chimie dans le secondaire, agrégé de philosophie en 1922, il enseigne à l'université de Dijon, puis à la Sorbonne.

Extraits du *Guide des auteurs*, Magnard.

TABLEAU 5.11
Le récit de vie

Depuis quand habite-t-il l'immeuble ?
M. X (Mme Z) habite l'immeuble depuis x ans (depuis 19..).

Date et lieu de naissance :
Il est né en... à Z, petit village du, de (Bretagne, Pas-de-Calais...).

Que faisaient ses parents ?
Ses parents étaient de modestes cultivateurs.
ou :
Son père était commissaire de police.
mais aussi :
Orphelin à deux ans, il est élevé par son oncle, curé d'Aubagne.
Il fait/a fait des études à... ; bonnes ou mauvaises ; faciles ou difficiles.

Goûts, tendances :
Très jeune, il s'intéresse à...
Très mauvais élève, il ne s'intéresse à rien, est mis à la porte du collège.

Débuts dans la vie, études ou petits métiers :
Il fait de brillantes études de droit.
Il s'embarque comme mousse.
Il vend des calendriers et des crayons.

Sa vie privée, ses amours, ses amitiés :
Il rencontre X et Y.

Les principaux événements de sa vie :
Échecs, succès, chances, malchances, séjours à l'étranger, accidents, œuvres, inventions...

Ce qu'il fait maintenant.

5.3 Biographies : les cinq étrangers

D'où viennent les étrangers de l'immeuble ? Comment, pourquoi sont-ils venus en France ? **Racontez leur histoire et leurs aventures.**
Utilisez également le tableau 5.11 (p. 57).

● **Conseils :** vos personnages peuvent être *Polonais, Marocains, Camerounais, Argentins, Irlandais, Danois,* etc.
Renseignez-vous un peu sur leur pays d'origine pour ne pas dire de grosses bêtises.
Consultez par exemple une·encyclopédie.

Attention aux stéréotypes : du stéréotype au racisme, il n'y a qu'un pas qu'on franchit sans s'en apercevoir.
À Paris, il y a sans doute des concierges portugaises, mais une Portugaise peut être aussi cantatrice, informaticienne ou médecin.

Les écossais ont le chic anglais. Ils ne se ressemblent pas, mais s'assemblent avec humour. Plus il y a de clans et plus c'est amusant. A porter complètement désaccordés.

Toutes les couleurs du monde

benetton

5.4 Qu'est-ce qu'ils font ?

1 Qu'est-ce qu'ils font ?
Il est 19 heures, un jour de semaine.

Que font les habitants de l'immeuble en ce moment précis ?

Une phrase suffit pour chaque personnage :

sujet + verbe :
X dort, travaille, chante...
Y se rase, se lève, se couche...
X et Z jouent, se disputent...

sujet + être en train de + verbe :
X est en train de téléphoner...

sujet + verbe + complément :
X fait la cuisine, la sieste, de la gymnastique, ses comptes, ses devoirs...
Z ferme, ouvre, range, met, prend, prépare, lit, regarde, écoute + les compléments qui conviennent.

Si vous aimez dessiner, vous pouvez représenter ces scènes comme dans une BD (bande dessinée).

Variante : même exercice le samedi à 10 heures, le dimanche à 16 heures.

2 Qu'est-ce qu'ils disent ?
En 1, vous avez sûrement imaginé des personnages en train de parler entre eux, au téléphone ; qu'est-ce qu'ils disent ? Si vous avez fait une BD (bande dessinée), indiquez-le dans les bulles.

● **Un conseil pour les deux exercices :** N'oubliez pas les animaux.
Imaginez aussi une ou deux personnes en train de dire ou de faire quelque chose d'inhabituel ou de suspect.

5.5 La chambre en couleur

Dans l'un des appartements de l'immeuble, une chambre ou un salon est tout en bleu, rose, vert, blanc, rouge ou noir...

Caprice de décorateur, goût personnel du locataire ou du propriétaire, à vous de décider et de nous en expliquer les raisons.

Décrivez en détail cette pièce : meubles, décoration, objets, rideaux, en évitant le plus possible d'utiliser des adjectifs de couleur mais en suggérant une dominante et ses nuances.
C'est ainsi que vous mettrez des tomates, des fraises, des framboises, une bouteille de vin et un flacon de sang dans une chambre rouge ; du caviar, une statuette en ébène et un poêle en fonte dans une chambre noire...

● **Durée** de l'exercice : 30 minutes. En groupe ou individuellement. Oral ou écrit. Vous pouvez utiliser le tableau 2.4 page 31.

5.6 Souvenirs, souvenirs !

Un ou plusieurs habitants de l'immeuble écrivent leurs mémoires en tenant un journal dans lequel ils consignent des fragments de souvenirs.

Déterminez collectivement le ou les personnes dont vous allez écrire le journal intime. Puis composez-le suivant la méthode du «cadavre exquis» : un premier participant écrit un souvenir tenant en une phrase ou deux et commençant par *je me souviens de...* Il le fait en se cachant de son voisin. Il plie la feuille et la passe au second participant qui fait de même et ainsi de suite.

On peut faire en sorte que chacun soit à l'origine d'une collection de souvenirs; on aura ainsi autant de journaux intimes que de participants.

Les souvenirs peuvent être laissés comme tels et archivés ou, au contraire, reliés entre eux par un travail d'écriture individuel ou collectif. Ils formeront alors des points de repères pour la constitution d'histoires.

Jeudi soir, soirée rétro : Hôtel du Nord de Marcel Carné avec Arletty et Louis Jouvet. Et dire que je ne l'avais pas encore vu ! Formidable ! A voir et revoir ! Une bonne idée de promenade pour ce week-end : les berges du canal Saint-Martin...

Mercredi 16 février, 3 heures.
Samedi soir, Sandrine fait une boum. Elle m'a invitée mais je ne sais pas encore si j'irai. Elle m'énerve tellement ! Seulement j'aimerais bien revoir Julien. Il est tellement beau ! ... est aussi invité et ... a danser des slows. ...is que je l'ai vu

Je n'en peux plus. J'en ai assez ! J'ai l'impression d'être un véritable automate, un robot qui fait des gestes mécaniquement, comme s'ils avaient été programmés. J'ai la désagréable impression de vivre selon la formule «Métro, boulot, dodo» et de ne pouvoir m'en échapper.

6

OBSERVATION

6.1 Vie de l'immeuble : les bruits

Les bruits du matin

M. X, au rez-de-chaussée, n'arrive pas à dormir ; il entend tout ce qui se passe dans l'immeuble, sur le trottoir et dans la rue. Il décrit et note par ordre chronologique tous les bruits qu'il entend à partir de quatre heures du matin et au fur et à mesure que l'immeuble s'éveille. Faites la liste des bruits entendus : au minimum dix bruits différents dont au moins un inhabituel, étonnant, bizarre, insolite...

Vous pouvez utiliser le tableau 6.12 et le document 6.8.

● **Conseil :** si chaque participant fait l'exercice, retenir une liste unique avec 20 ou 30 bruits.

Les bruits du soir

Il est vingt heures, vingt et une heures, vingt-deux heures. L'immeuble s'endort peu à peu. M. X décrit et note, par ordre chronologique, tous les bruits qui lui parviennent.

Comme précédemment, **dressez-en la liste** en vous aidant des mêmes documents.

TABLEAU 6.12
Vocabulaire du bruit

Bruit, son, vacarme, tintamarre, fracas, tapage.

Bruits matériels :
bourdonnement, bruissement, carillon, choc, claquement, chuintement, cliquetis, coup, crissement, explosion, grattement, grincement, grondement, ronronnement, roulement, sifflement, sonnerie, tintement, vibration.

Bruits humains ou animaux :
aboiement, chuchotement, cri, éclat (de voix, de rire), éternuement, gémissement, hurlement, miaulement, mugissement, plainte, pleur(s), rire(s), ronflement, rugissement, sanglot(s), toux + tous les cris d'animaux.

Tous les verbes correspondants :
gratter, grincer, sonner, chuchoter, crier, rire...

Adjectif qualifiant les bruits ; un bruit peut être :
aigu, léger, violent, sourd, étouffé, strident, monotone, infernal, métallique.

Onomatopées : voir document 6.8.

Constructions :
Max entend un bruit de chaînes,
Max entend sonner le téléphone,
Max entend le téléphone sonner,
Max entend le téléphone qui sonne,
la fille que Max a entendue chanter,
la chanson que Max a entendu chanter.

DOCUMENT 6.8
Onomatopées

Humains, animaux :
Atchoum
Waouh
Aie
Snif-snif
Bla bla bla
Brr...
Bzz...
Ouin-ouin
Chut
Glouglou
Grr...
Miaou...
Ouah-ouah
Patati-patata
Psst...
Tagada
Prout

Bruits et heurts violents ou soudains :
Bing
Bang
Boum
Badaboum
Crac
Floc
Patatras
Pan
Poum
Plaf
Plouf
Rataplan
Vlan
Vraoum
Clac

Bruits répétitifs et mécaniques ou instruments :
Clic-clac
Clac-clac
Cri-cri
Crin-crin
Dring dring
Ding ding don
Flic flac floc
Pin-pon
Pouet pouet
Pif paf
Tic tac
Toc toc
Tac tac
Teuf teuf
Tut tut
Vroum vroum

Exercices de préparation :

1 À qui, à quoi attribuez-vous tous ces bruits ?

2 Recherchez quelques exemples **d'onomatopées** dans les bandes dessinées.

3 Inventez une onomatopée pour un **bruit moderne :** par exemple pour une voiture qui n'arrive pas à démarrer.

4 Construisez la machine de l'immeuble !
Un premier participant fait devant le groupe un geste simple et sans cesse répété en l'associant à une onomatopée rendant compte de la vie de l'immeuble. Un deuxième vient se greffer à lui en proposant à son tour un geste répété et une onomatopée. Puis un troisième, un quatrième... et ainsi de suite jusqu'à ce que l'on ait une mécanique comportant autant d'engrenages que de participants.

● Attention : il est interdit d'employer des mots.

6.2 Allées et venues le dimanche matin

Mais **que font donc les habitants** de cet immeuble le dimanche matin ? C'est la question à laquelle vous devez répondre car toutes ces activités intéressent particulièrement un inspecteur de police. N'oubliez pas qu'on peut :

faire du sport : du tennis, une promenade à cheval, du jogging,...
jouer aux boules avec des amis,
aller au café pour faire son tiercé ou jouer au billard,
aller à la messe, seul ou en famille,
faire son marché, des courses,
partir à la campagne,
aller à la pêche,
se préparer à aller à un mariage,
faire la grasse matinée en écoutant de la musique.
Ou bien encore... travailler !

Les courses et le marché

La plupart des habitants de l'immeuble font leurs courses le samedi et le dimanche. Mais suivant que l'on est jeune ou âgé, célibataire ou en famille, sportif ou non, bon vivant, «fine-gueule», malade ou astreint à un régime, bricoleur ou passionné de lecture, on ne revient pas avec les mêmes choses ni avec les mêmes quantités.

Déterminez collectivement ce que chacun rapporte :

bouteilles (eau, vin, alcool, lait),
fruits,
légumes,
viandes ou poissons,
pain, biscottes, pâtisseries,
médicaments,
cadeaux, fleurs,
jouets, gadgets,
outils, instruments ou matériaux pour bricolage.

Emportent-ils tout cela dans :
un sac, caddie, panier, cabas, filet, carton...
une poussette, caisse, boîte... ?

6.3 Les odeurs

Il est de tradition en France de bien manger le dimanche midi. Les habitants de l'immeuble ne suivent pas tous cette règle et c'est pourquoi les odeurs se mêlent. Sont-elles agréables ou non ? De quels logements proviennent-elles ? Qui prépare quoi : *un rôti, un couscous, des sardines grillées, de la peinture, du ciment... ?*

En vous aidant du tableau 6.13, **rendez à chacun l'odeur qui lui appartient.**

Le café est un parfum, Melitta son créateur.

Melitta®

CRÉATION TED LAPIDUS

PARFUMS **TED LAPIDUS** PARIS

TABLEAU 6.13
Les odeurs

Verbe
ça sent, on sent (bon ou mauvais)
ça pue (expression très familière)
il émane un(e)
on respire un(e)
il se dégage
il se répand
il exhale

Nom
un parfum
une senteur
un effluve
une puanteur
un relent
une odeur

Exclamations
quelle infection !
quelle puanteur !
quel parfum !

Qualificatif :
(attention à sa place)
fort(e)
léger (légère)
délicieux(se)
bizarre
inhabituel(le)
fétide
épouvantable
insupportable
nauséabond(e)
agréable
désagréable
infect(e)
subtil(e)
bon (bonne)
drôle

Complément :
(qui indique la provenance)

cuisine :
française ou étrangère
ail, oignon
brûlé
vin
poireaux
grillades
herbes de Provence

travaux :
désinfectant
alcool
peinture
essence

autres :
gaz
tabac
sueur, transpiration

7

CORRESPONDANCE

7.1 Cartes postales et lettres de vacances

Imaginez et rédigez les lettres et les cartes postales que les habitants de l'immeuble reçoivent d'amis ou de parents ; confectionnez les *fac-similés* de 5 ou 6 lettres ou cartes postales.

Utilisez les tableaux 7.14 A et 7.14 B.

TABLEAU 7.14 A
La lettre de vacances

Appellation :
chers amis, mon amour, ma chérie, chère maman, mon gros lapin...

Lieu :
nous sommes en vacances au bord de la mer, je suis aux sports d'hiver à Chamonix, on se repose à la campagne...

Le temps qu'il fait :
il fait beau, chaud, un temps splendide, épouvantable, il pleut, le soleil est magnifique...

Bulletin de santé physique :
je vais très bien, nous sommes en pleine forme...

Moral :
on s'ennuie un peu, nous nous amusons beaucoup...

Anecdote ou petit récit :
hier, nous avons fait ceci ou cela (visité, rencontré, assisté à, etc.) ; hier, il nous est arrivé ceci ou cela (accident, exploit, fête).

Emploi du temps habituel :
nous passons le temps comme ceci ou comme cela (bain, promenade, jeux, sports, lectures...).

Demande de nouvelles :
et toi (vous), comment vas-tu (allez-vous) ?
Que deviens-tu ? Comment vont tes enfants ?...

Conseil :
pourquoi ne fais-tu pas ceci ou cela, tu devrais..., n'oublie pas de..., pense à...

Annonce de retour :
à bientôt, on rentre le 15, on se reverra le mois prochain...

Formule d'affection :
affectueuses pensées, tendrement, je t'embrasse bien fort...

TABLEAU 7.14 B
La carte postale

Même technique mais plus simple, par exemple en se limitant à l'appellation, au lieu, au temps qu'il fait, au moral, à la formule d'affection, et tout cela en quelques mots.

7.2 La lettre coupée

Notre inspecteur mène toujours son enquête. Et il est particulièrement intéressé par le courrier des habitants.

Malheureusement pour lui, une ou plusieurs lettres ont été retrouvées coupées en deux dans le sens de la longueur. Il n'en possède qu'une moitié. **À vous de l'aider à essayer de restituer la partie manquante.**

Travail par sous-groupes de deux ou trois. Les sous-groupes s'échangent les moitiés de leurs productions respectives et tâchent de découvrir les parties manquantes.

JE T'AVAIS DÉJÀ AVERTI.

DANS L'IMMEUBLE N'AURAI

IL EST TROP TARD POUR RE

À LA GARDIENNE QUE TU N

DEVANT MA PORTE, J'AURAIS

VOISINS DU QUATRIÈME AVEC

AIR HYPOCRITE, ILS SONT CA

INSUPPORTABLES. MAINTENANT,

LA COUPE EST PLEINE ET JE N

PLUS TOLÉRER AUCUNE EXCUSE.

TU NE M'AS PAS ÉCOUTÉ

MA VENGEANCE SERA TERRIB

TU SERAS LE PREMIER

M'EMPÊCHER D'ACCOMPL

TANT PIS POUR TOI ! TU L'AURAS

7.3 Télégrammes

Certains habitants de l'immeuble ont reçu ou envoyé des télégrammes.

Imaginez en quelles occasions :
pour annoncer une venue prochaine, avec date et heure d'arrivée à la gare,...
pour souhaiter un anniversaire,
pour annoncer un accident, un décès,
pour rompre ou déclarer son amour...

Qui écrit à qui ? Fixez au préalable le nombre de mots que vous vous autorisez pour votre message ; puis rédigez votre télégramme.

Il est possible de composer des télégrammes de quinze mots puis de s'amuser à essayer de les « dégonfler » en deux temps : dix puis cinq mots.

SERVICE TELEX

```
260310Y PARIS F
197 1329


ZCZC SJA236 ZWI350 YJB412 51376B A   07801
FRXX CO DZAL 012
MARSEILLE RP 12/10 16 1225


MICHEL GIRAUD
14 RUE DES PLANTES
75014 PARIS


ARRIVONS DEMAIN MARDI . TRAIN GARE LYON 18 H 30 .
VENIR NOUS CHERCHER . BAISERS .
CLAIRE ET PATRICE


COL 80 75014
```

N° 698 **TÉLÉGRAMME**	Étiquettes			N° d'appel : 260310
				INDICATIONS DE TRANSMISSION

Ligne de numérotation	N° télégraphique	**Taxe principale.** 26,80ᶠ	Timbre à date	N° de la ligne du P.V. :
ZCZC		Taxes accessoires		
Ligne pilote		**Total ..** 26,80ᶠ	Bureau de destination : *Paris Alésia* Département ou Pays : *75 014*
Bureau d'origine : *Marseille centre 51*	Mots : 16	Date 20.01.86 Heure 13 H 15	Mentions de service : *Par Télex*

Services spéciaux demandés :
(voir au verso)

Inscrire en **CAPITALES** l'adresse complète (rue, n° bloc, bâtiment, escalier, etc...), le texte et la signature (une lettre par case ; **laisser une case blanche entre les mots**).

Nom et adresse : M I C H E L   G I R A U D
1 4   R U E   D E S   P L A N T E S

TEXTE et éventuellement signature très lisible
7 5 0 1 4   P A R I S   A R R I V O N S   D E M A I N   M A R D I .   T R A I N
G A R E   L Y O N   1 8   H   3 0 .   V E N I R   N O U S   C H E R C H E R .
B A I S E R S .
C L A I R E   E T   P A T R I C E

Pour accélérer la remise des télégrammes indiquer le cas échéant, le numéro de téléphone (1) ou de télex du destinataire
TF 46.12.25.14   TLX

Pour avis en cas de non remise, indiquer le nom et l'adresse de l'expéditeur (2) :
Claire et Patrice VIGNERON
12, rue Marcel Pagnol 13000 MARSEILLE

72

7.4 L'invitation

L'invitation est un carton blanc, imprimé, grand comme une carte postale ; elle indique souvent :

la raison de l'invitation,
le nom de celui qui invite,
la formule d'invitation,
à quoi on invite,
quand et où on invite,
une recommandation, un conseil (facultatif).

Faites-en cinq ou six ; vous pouvez utiliser le tableau 7.15, ainsi que des documents réels : faites-en les *fac-similés.*

**TABLEAU 7.15
L'invitation type**

À l'occasion de, en l'honneur de, pour célébrer, pour fêter, en souvenir de...

l'anniversaire de X, leur mariage, le centenaire de..., la visite de X à Paris, les fiançailles, la remise de la Légion d'honneur à...

Monsieur et Madame X, le préfet de Police, l'ambassadeur de l'Antarctique, l'Association des joueurs de boules de X, l'Amicale des anciens élèves de...

a, ont,
le plaisir, l'honneur de vous inviter à, vous prient de bien vouloir participer, assister à,
vous prient d'honorer de votre présence..., de leur faire l'honneur d'assister à...

déjeuner, dîner, soirée, réception, buffet campagnard, concert, vernissage de l'exposition X, concert, messe...

qui aura lieu, sera donné... le 25 avril, à x heures à... (mairie de X, palais de Z, hôtel Y).

Tenue de ville, apportez votre maillot de bain, venez avec des amis...

Si l'invitation est personnelle, même formule, mais avec le nom de la personne invitée écrit à la main.

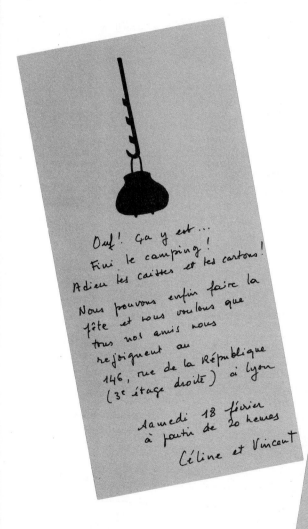

Ouf ! Ça y est...
Fini le camping !
Adieu les caisses et les cartons !
Nous pouvons enfin faire la fête et nous voulons que tous nos amis nous rejoignent au 146, rue de la République (3e étage droite) à Lyon
Samedi 18 février à partir de 20 heures
Céline et Vincent

Patrice Caron
sera heureux de vous accueillir
à l'occasion du vernissage des œuvres de
Marie Duchamp
(dessins et médailles)
Mardi 17 Décembre 1985, de 18 h à 20 h
Galerie Tessier, 20 rue Bonaparte
Paris 6e

Invitation personnelle valable pour deux personnes

Cocktail

8
CURIOSITÉS

8.1 Les collectionneurs

Certains habitants de l'immeuble sont des collectionneurs : mais de quoi ?

Armes, timbres, poupées, vieilles éditions, boîtes d'allumettes, couvercles de boîtes de fromage, bouchons de bouteilles de champagne, masques africains, autographes, porte-clefs...

Faites en groupe une liste de collections la plus complète possible.

Décrivez deux ou trois de ces collections ; **racontez** comment les collectionneurs les ont constituées :

Au cours de leurs voyages, par des correspondants, en fréquentant le marché aux Puces, les salles de ventes, en fouillant dans les poubelles, grâce à des petites annonces...

Chaque collection comporte une pièce rare, unique, exceptionnelle ; **racontez** comment le collectionneur l'a obtenue.

Si vous présentez plusieurs collections, choisissez des genres différents.
Par exemple :
Pour une collection d'amateur d'art, M. X collectionne la porcelaine ancienne de telle époque et de tel pays.
Pour une collection naïve, les enfants de Mme Z collectionnent les capsules de bouteilles.

8.2 Les caves

Tous les appartements d'au moins deux pièces ont une cave dans le sous-sol de l'immeuble.

Connaissant les habitants, **que pensez-vous qu'il y a dans leurs caves ?**
bouteilles (vides ou pleines ; de vin, de champagne...)
vieux vêtements,
livres, journaux, dossiers, photographies, tableaux,
vieux meubles, ferrailles,
animaux empaillés,
sacs, valises, malles (quel est leur contenu ?),
bicyclettes, landaus, jouets,
outillage,
un matériel d'imprimerie ou de distillation en état de marche...

Par exemple :
un grand portrait représentant un officier ; c'est le grand-père de Mme X, qui a été colonel vers les années 1900 ; il porte une barbe noire, de nombreuses décorations. On l'a mis à la cave parce que M. X ne pouvait pas le supporter...

Le secret de la cave

Dans l'une de ces caves, un des habitants de l'immeuble cache un ou plusieurs objets. **De quoi s'agit-il ?** Ces objets ont-ils un rapport avec son passé, avec une activité secrète ? Pourquoi cache-t-il cela dans sa cave ? Pourquoi ne s'en est-il pas débarrassé ?

Suggestions :
armes,
documents, archives, lettres,
trésor, objets précieux,
habits insolites,
appareils, machines, inventions,
souvenirs bizarres,
malles, valises, coffres dont le contenu est à déterminer,
un cadavre...

Le secret de la cave peut être en relation avec la fausse identité (*cf.* exercice 8.3).

8.3 Une fausse identité

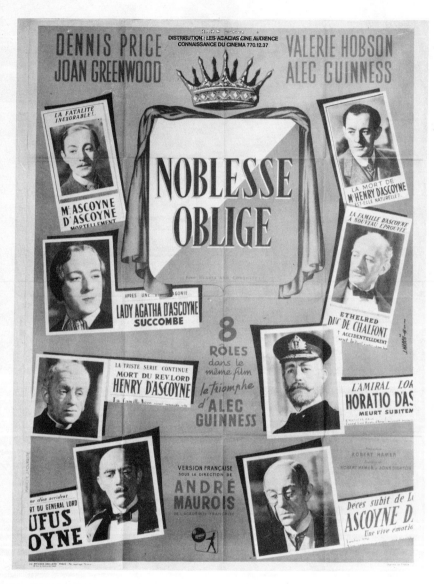

Un des habitants de l'immeuble, français ou étranger, n'est pas du tout ce qu'on croit ni ce qu'il dit être. En réalité il (elle) s'appelle X et dissimule son identité pour une raison importante.

Dites qui est en réalité **ce personnage**, d'où il vient et pourquoi il se cache. Est-ce à cause de son passé ou de ses activités présentes ? Est-il menacé ou recherché par des ennemis ?

● **Durée** de l'exercice : 60 minutes.

● **Conseils :**
Chaque participant rédige une proposition.
On peut aussi travailler par petits groupes de deux ou trois. On compare ensuite les textes et on retient le plus intéressant, ou alors on retient le personnage le plus souvent cité.
S'il y a plusieurs idées intéressantes, essayez de les intégrer dans un texte définitif.

8.4 Les poubelles

C'est fou ce qu'on peut apprendre sur les gens en regardant dans leurs poubelles.

Un observateur attentif pourra ainsi avoir des **renseignements précis** sur une personne et déterminer :

son type de nourriture (*française, étrangère, exotique, fine, ordinaire, etc.*),

ses idées politiques (*principalement par les journaux et les tracts*),

le nombre de gens au foyer (*adultes, enfants, masculin, féminin...*),

ses habitudes (*bouteilles vides : eau minérale ou alcool, emballages de yaourts, de cigarettes...*),

ses déplacements (*vieux billets, horaires de chemin de fer...*),

son niveau de vie (*vieux relevés bancaires, vieilles factures ou tickets de caisse de magasin, marque des produits achetés : luxe ou bon marché...*),

son activité professionnelle (*dossiers anciens, en-tête des enveloppes, tracts ou notes de service de l'entreprise...*),

ses relations (*à travers les vieilles cartes postales ou lettres*).

Faites l'inventaire des poubelles de l'immeuble en rendant à chacun ce qui lui appartient. Le tri peut s'opérer à partir :

des épluchures de fruits et légumes,
des bouteilles vides,
des emballages servant à conditionner la viande, les poissons, les fromages...
des paquets,
des vieux vêtements, des vieilles chaussures,
des jouets cassés,
des verres, de la vaisselle,
des papiers, des journaux,
des objets rares réparables...

Un curieux trouve cinq objets intéressants dans les poubelles de l'immeuble. **Lesquels ?** Il remarque quelque chose dans les poubelles de X ou de Y qui le surprend. **Quoi ?**

8.5 Culture : les lectures de l'immeuble

Certains habitants de l'immeuble n'ont que des livres de cuisine.

D'autres n'ont aucun livre et ne lisent jamais.

D'autres encore ont des goûts très divers ou au contraire très spécialisés. Par exemple :

livres de mathématiques, traités sur les échecs, bandes dessinées, romans populaires, essais philosophiques, romans d'amour...

Décrivez la bibliothèque de chaque habitant de l'immeuble.

Est-elle réduite ou fournie ?

Comment les livres sont-ils rangés ou classés : *soigneusement, par ordre alphabétique, dans une bibliothèque de style, entassés par terre, dans des cartons... ?*

S'agit-il de livres luxueux, ordinaires ou bon marché ?

Y a-t-il des revues, des journaux ? Sont-ils reliés ?

8.6 Musique : les disques

Certains jours, l'immeuble résonne de musiques variées ; ce qui ne manque pas de provoquer des « cocktails » étonnants.
En effet, M. X voudrait écouter tranquillement un concerto de Mozart pendant que son voisin du dessus écoute « la chevauchée des Walkyries » et que les enfants de Mme Z dansent sur de la musique disco.

Faites un rapide recensement des différentes sortes de musiques aujourd'hui écoutées :

musique classique (*chant grégorien, opéras, concertos, symphonies*),
musiques concrètes, abstraites,
musiques sud-américaines (ou d'autres pays),
musiques pop, rock, funk, disco, folk,
musiques militaires,
musiques folkloriques.

Qui écoute quoi ? Quand ? À quel volume ? Dans quelles conditions ? Pourquoi ? Joue-t-il lui-même d'un instrument ? Les voisins apprécient-ils ?

9

ANIMATION

1 Rencontres et visites,

2 Prise de décision : réunion de copropriétaires

3 Incidents et accidents

9.1 Rencontres et visites

Dans l'escalier :

1 M. X rencontre son voisin dans l'escalier. Il a mauvaise mine ; il souffre depuis plusieurs mois de violents maux de tête. M. X lui conseille de consulter un médecin... **Poursuivez la scène.**

2 Mme Z rencontre dans l'escalier les enfants X qu'elle accuse de faire du bruit ou de causer des dégâts. Les enfants se défendent et se montrent insolents. Mme Z va trouver les parents X ou la concierge. **Imaginez et jouez les scènes.**

3 Le facteur, les éboueurs ou les pompiers passent en décembre pour les étrennes ; mais aussi des quêteurs et même des escrocs. Ils font tous les étages. Comment sont-ils reçus ou mis à la porte ? **Jouez ces scènes.**

Dans la cave :

6 En descendant chercher du vin dans sa cave, M. T rencontre un clochard tranquillement installé. Celui-ci ne semble pas du tout effrayé par la venue de M. T et même l'invite à boire avec lui... **Poursuivez la scène.**

7 En descendant de vieux vêtements à la cave, M. Y se trouve en présence d'un ou plusieurs rats. **Imaginez et jouez la scène.**

Dans le magasin :

8 Un client ou une cliente entre dans le magasin :
Il est espagnol et il a lu sur la porte *Se habla español*. Malheureusement la personne parlant cette langue n'est pas là...
Il cherche un article introuvable...
Il n'a pas suffisamment d'argent et marchande...
Il s'est trompé de magasin...
Jouez ces scènes.

C'EST LA FIN DU MONDE !

COSMOSALIS

4 Un représentant, placier en produits de beauté ou en encyclopédies, fait tous les étages. Comment s'y prend-il ? Est-il bien reçu ?
Il arrive toutefois à vendre à deux personnes. À qui ? **Jouez les scènes.**

5 Un représentant d'une secte veut expliquer que la fin du monde est proche : il veut convertir les habitants de l'immeuble. **Jouez la scène.**

9 Un représentant de commerce ou un fournisseur vient présenter ou faire la démonstration d'un nouveau produit. **Jouez la scène.**

10 Un soir d'été, un habitant de l'immeuble est sorti en robe de chambre promener son chien ; mais il a oublié ses clés et ne peut rentrer chez lui. **Que va-t-il faire ?** Sonner chez les voisins ? **Imaginez la suite.**

9.2 Prise de décision : réunion de copropriétaires

Les copropriétaires se réunissent en assemblée pour prendre des décisions. Par exemple :

renvoyer ou non le (ou la) concierge, l'augmenter,
changer de gérant,
discuter des inconvénients causés par le magasin,
décider de repeindre la façade de l'immeuble et la cage d'escalier,
faire installer ou non un ascenseur,
entreprendre des travaux de toiture,

constituer une association de défense du quartier pour protester contre un projet d'urbanisme : *autoroute, grand ensemble immobilier...*
protester auprès des promoteurs et des tribunaux à propos de la construction d'un grand bâtiment dans le voisinage : les travaux provoquent des fissures dans les murs de l'immeuble.

Imaginez et continuez la scène.

9.3 Incidents et accidents

Au fur et à mesure de la simulation, l'animateur ou le groupe peuvent décider de créer l'événement extraordinaire en tirant au hasard une carte *incidents* ou *accidents*. Exemples :

Inondation :

Fuite d'eau ou oubli d'un habitant de l'immeuble. L'appartement du dessous est inondé : dégâts au plafond, aux murs, au mobilier. **Jouez les scènes** que peut susciter cet incident et imaginez les lettres que les copropriétaires, ou leurs assureurs, échangent.

Incendie :

Feu de cheminée ou petit incendie provoquant beaucoup de fumée et quelques dégâts.
Une ou plusieurs personnes sont bloquées dans leur appartement et attendent l'arrivée des pompiers...
1 Jouez la scène.
2 Vous interrogez un ou plusieurs témoins de la scène puis vous écrivez un petit article de journal relatant le fait.

Intempéries :

Une tornade, une tempête de neige, une vague de froid, une inondation dans la cave et voilà un toit qui s'envole ou s'écroule, des canalisations qui gèlent ou un sous-sol qui s'affaisse.
Imaginez les scènes et jouez les réactions des habitants de l'immeuble.

La scène de ménage :

Dans un appartement, un soir, une scène violente : cris, menaces, X menace de tuer Z ; les voisins sont forcés d'intervenir.
Racontez et jouez la ou les scènes.

Un heureux événement :

M. et Mme X viennent d'avoir un bébé. Imaginez leur retour de la maternité à la maison et **jouez la scène.**

La fille ou le fils des Y se marie aujourd'hui à onze heures. Il est dix heures. Grande agitation à la maison. Personne ne semble prêt pour la cérémonie..., **imaginez et jouez cette scène.**

Les décès :

La vieille Mme K est morte. Ses héritiers l'entourent et se lamentent en faisant son éloge. Peu à peu, le ton change et ils en viennent à faire une critique féroce de leur parente.
Or Mme K n'était pas réellement morte. Comédie ou évanouissement, à vous de décider. Elle ouvre progressivement les yeux... et les oreilles pour entendre ce que l'on dit d'elle. Elle se réveille complètement.
Imaginez et jouez la scène.

Animation :

Un habitant de l'immeuble veut améliorer les relations entre les voisins. Comment s'y prend-il ? Qu'est-ce qu'il organise ?

Il réussit au bout de quelques semaines à persuader même les plus grognons et les plus solitaires de préparer une « fête » de l'immeuble. **Imaginez en quoi va consister cette fête et simulez-la.**

Accidents :

Mme G est tombée dans l'escalier. A-t-elle raté une marche ou bien l'a-t-on poussée ? Les habitants de l'immeuble, alertés par le bruit de sa chute, lui portent les premiers secours, l'interrogent et cherchent à savoir comment cela s'est passé... On parle beaucoup, on questionne les témoins... Un médecin arrive... **Jouez cette scène.**

Le chien de M. et Mme H a été renversé par une voiture en traversant la rue. Il n'était pas tenu en laisse...
Imaginez et jouez la scène entre l'automobiliste, M. et Mme H et les témoins.

Le chat de Mme B n'arrive pas à redescendre de l'arbre dans lequel il est monté parce qu'il a peur.
Mme B appelle les pompiers. Au *pin-pon* de leur sirène, les habitants affolés sortent de chez eux.
Quelques-uns s'attroupent sous l'arbre, donnent des conseils aux pompiers, font des commentaires et encouragent le chat...
Imaginez et jouez cette scène.

CRAC

10
ROMANS

10.1 Une histoire d'amour

Il y a une ou plusieurs histoires d'amour dans l'immeuble : amours enfantines, passions, adultères, amants maudits, amours romantiques ou platoniques.

Imaginez une de ces histoires d'amour, avec les intrigues et les conséquences sur les couples et les familles de l'immeuble.

Racontez cette histoire jusqu'à son dénouement, heureux ou malheureux.

Vous pouvez, si vous êtes en groupe, écrire très vite un petit roman en suivant le canevas du tableau 10.16. Dans ce cas, chacun écrit un petit chapitre de vingt lignes.

TABLEAU 10.16
Comment écrire un roman d'amour*

Première règle :
on choisit deux personnages habitant l'immeuble, par exemple *Sophie et Jean-Christophe*, ou *Ingrid et Khader*, et on fait un roman collectif en 12 chapitres de 20 lignes. Chaque chapitre est écrit deux fois : de son point de vue à *elle* et de son point de vue à *lui.*

Deuxième règle :
les chapitres et les versions (*elle* et *lui*) du même chapitre sont écrits *librement :* récit raconté par le personnage ou un romancier, lettre, dialogue, confidence à un(e) ami(e), extrait de journal intime, conversation au téléphone, poème, etc. Essayez de varier les genres.

Troisième règle :
on écrit en même temps tous les chapitres qu'on réunit à la suite, seulement quand le roman est fini, en rectifiant au besoin certaines incohérences.
On fera attention à l'emploi des temps pour les récits écrits au passé.

* La structure de l'histoire d'amour a été mise au point par Domenico d'Oria de Bari. Une matrice de roman «rose» a déjà été imaginée par Jack London dans le roman autobiographique *Martin Eden* (voir le document 10.9).

Table des matières du roman d'amour

1 La rencontre
2 L'amour naît
3 L'amour augmente
4 L'amour est plus fort que les obstacles (*argent, travail, bureaucratie...*) et les ennemis
5 L'amour est plus fort que ses adversaires (*haine, racisme, envieux, faux amis, jaloux, rivaux, familles...*)
6 L'amour triomphe
7 L'amour s'installe
8 L'amour victime des obstacles
9 L'amour victime de ses adversaires
10 L'amour diminue
11 L'amour meurt
12 La séparation

Note : si vous n'avez pas envie d'écrire une histoire triste, arrêtez-vous aux chapitres 6 ou 7.

DOCUMENT 10.9
Martin Eden

Encouragé par ces petits profits, Martin continua le « gros ouvrage ». Peut-être était-ce un gagne-pain, après tout ! Les vingt nouvelles refusées par les syndicats des nouvellistes gisaient sous la table. Il les relut, afin de voir comment il ne fallait pas écrire et découvrit ainsi la formule parfaite.

Cette formule consistait en trois parties :
1° Un couple d'amoureux sont arrachés l'un à l'autre ;
2° Un événement quelconque les réunit ;
3° Mariage.
Les deux premières parties pouvaient se varier à l'infini, mais la troisième était immuable. Ainsi, le couple amoureux pouvait être séparé : 1° par erreur ; 2° par la fatalité ; 3° par des rivaux jaloux ; 4° par de cruels parents ; 5° par des tuteurs rusés ; 6° par des voisins cupides, etc. Ils pouvaient être réunis : 1° par une bonne action de l'amoureux ou de l'amoureuse ; 2° par un changement de sentiment de l'un ou de l'autre ; 3° par la confession volontaire ou forcée du tuteur rusé, du voisin cupide ou du rival jaloux ; 4° par la découverte d'un secret ; 5° par la prise d'assaut du cœur de la jeune fille ; 6° par une abnégation sublime du jeune homme, et ainsi de suite à l'infini. Il était très amusant d'amener la jeune fille à déclarer son amour la première et Martin découvrit petit à petit d'autres trucs piquants et ingénieux. Mais le ciel pouvait s'ouvrir et la foudre tomber, le mariage final devait se célébrer dans tous les cas.

La formule prescrivait 1 200 mots au minimum et 1 500 au maximum.
Avant d'être allé très loin dans cet art, Martin se fit une demi-douzaine de schémas, qu'il consultait toujours avant d'écrire une nouvelle. Ces schémas étaient semblables à ces ingénieuses tables employées par les mathématiciens, qui peuvent se consulter par le haut, le bas, la droite, la gauche, au moyen d'une quantité de lignes et de colonnes, et dont on peut tirer, sans raisonnement et sans calcul, des milliers de conclusions différentes, toutes invariablement précises et exactes. De cette manière, Martin pouvait, à l'aide de ses schémas, en l'espace d'une demi-heure, faire une douzaine de nouvelles, qu'il mettait de côté et développait ensuite à son gré. Après une journée de travail sérieux il en faisait facilement une avant de se coucher.

Extrait de Jack London, *Martin Eden,* Hachette.

10.2 Un crime dans l'immeuble

POLICIERS

UN CRIME DANS L'IMMEUBLE

Un immeuble est un univers fermé comme une île, une pension de famille, un wagon de l'Orient-Express.

Parmi les trente habitants de l'immeuble, les mobiles ne manquent pas; c'est parmi eux que l'on choisira la ou les victimes, les suspects, l'enquêteur, l'assassin.

Vous allez composer, en groupe, un roman policier; si vous êtes nombreux, faites plusieurs groupes de façon à avoir des intrigues, des victimes et des coupables différents. Les groupes peuvent alors échanger des enquêteurs qui essaient de découvrir la vérité.

Pour construire l'intrigue, il faut passer par les étapes suivantes:

1 Choisir la ou les victimes.

2 Indiquer quand, comment, où, par qui a ou ont été découvert(s) le ou les corps?

3. Qui est le coupable? Pourquoi a-t-il commis ce ou ces crimes? Comment a-t-il fait?

4. Prévoyez des fausses pistes: au moins quatre ou cinq autres personnes de l'immeuble peuvent être soupçonnées.

5. Prévoyez les indices qui vont permettre à l'enquêteur de découvrir la vérité.

Pour construire ce scénario, ou même écrire un vrai roman, utilisez les productions des exercices précédents, en particulier:

4.2 Rapports entre voisins
4.8 Enquête
6.1 Vie de l'immeuble: les bruits
6.2 Allées et venues le dimanche matin
6.3 Les odeurs
7.2 La lettre coupée
8.2 Les caves
8.3 Une fausse identité
8.4 Les poubelles

Vous y trouverez tout ce qu'il faut pour construire votre intrigue.

10.3 Dix ans plus tard

En forme d'épilogue, dix ans après : que sont devenus les habitants de l'immeuble ? Où sont-ils ? Qui est mort ? Qui a réussi ? Qui a divorcé ? Qui s'est remarié avec qui ? Qui est devenu riche, pauvre, célèbre ? Qui est heureux, malheureux ?
L'histoire de l'immeuble peut être recommencée...

On fait rapidement et collectivement des propositions qu'on écrit au tableau ; s'il y a des propositions différentes, on discute et on se met d'accord. On établit ensuite la liste complète.

Individuellement ou en petit groupe, chacun s'identifie à un «ancien enfant» de l'immeuble devenu adulte.
Vous repassez dans la rue et vous cherchez la maison de votre enfance ; elle n'y est plus. Mais vous rencontrez dans le quartier des personnes qui se souviennent de la fin de l'immeuble :

— ce qui s'est passé, pourquoi on l'a démoli, ce qu'on a mis à la place ;

— ce que sont devenus les gens.

Utilisez pour les réponses aux questions certains éléments de la liste précédente.
Certaines d'entre elles peuvent être évasives ou incertaines.

Par exemple :
Je ne me souviens pas... Ah oui, le monsieur qui... Il paraît que... On m'a dit que...

10.4 La fin de l'immeuble...

...ou comment s'en débarrasser.

Accident, incendie, guerre, bombe, expropriation, démolition du quartier ; **imaginez la fin du l'immeuble.**

Grand standigne

Un jour on démolira
ces beaux immeubles si modernes
on en cassera les carreaux
de plexiglas ou d'ultravitre
on démontera les fourneaux
construits à polytechnique
on sectionnera les antennes
collectives de tévision
on dévissera les ascenseurs
on anéantira les vide-ordures
on broiera les chauffoses
on pulvérisera les frigidons
quand ces immeubles vieilliront
du poids infini de la tristesse des choses

RAYMOND QUENEAU, *Courir les rues*, Gallimard.

QUELQUES OUVRAGES CONSEILLÉS AUX PROFESSEURS ET AUX ÉTUDIANTS

Littérature

PEREC (G.) : *Espèces d'espaces,* coll. L'Espace critique, Éd. Galilée, Paris, 1983, 124 p.

PEREC (G.) : *La Vie mode d'emploi : romans,* Le Livre de poche, Hachette, Paris, 1978, 699 p.

QUENEAU (R.) : *Courir les rues,* Gallimard, Paris, 1967, 200 p.

Pédagogie

CARÉ (J.-M.) et DEBYSER (F.) : *Jeu, langage et créativité : les jeux dans la classe de français,* Le Français dans le monde/BELC, Hachette/Larousse, Paris, 1978, 170 p.

DEBYSER (F.) : *Dix petits nègres d'Agatha Christie,* coll. Lectoguide 1, Éd. Pédagogie moderne, Bordas, Paris, 1981, 80 p. (Se reporter au chapitre « Pages pour l'invention ».)

CARÉ (J.-M.) et DEBYSER (F.) : *Simulations globales,* Créacom, BELC, Paris, 1984, 170 p. multigr.

PORLA (J. de) : *Encore un coup d'arquebuse*

suivi de

CARÉ (J.-M.), COLEIN (G.), DEBYSER (F.) et coll. : *Qui a tué Victor ? : écrire collectivement un roman policier,* Créacom, BELC, Paris, 1981, 128 p. multigr.

Imprimé en France par Aubin Imprimeur Ligugé, Poitiers.
No d'édition 03 / No de collection 25 / No d'impression L 31141
Dépôt légal, no 2671/04/1989